dtv

Kindern und Jugendlichen, an ständig neue Reize und Kicks sowie schnelle Befriedigung gewöhnt, fällt es heute immer schwerer, bei der Sache zu bleiben, sich auf den Unterricht zu fokussieren, Hausaufgaben zügig zu erledigen. Doch ohne Konzentration ist kein Lernerfolg zu erzielen. Was sich bei diesem Vorgang im Kopf abspielt, wie man Konzentrationsschwächen erkennt und wie man die Konzentration eines Kindes fördern kann – von der richtigen Lernumgebung, ausreichender körperlicher Aktivität bis hin zu Denksportaufgaben –, zeigt dieser Ratgeber. Ein nach Altersstufen gestaffelter Testteil weist nach, wo das Potenzial und die Schwächen eines Kindes liegen. Tipps und Übungen setzen diese Erkenntnisse dann in einen konkreten Aktionsplan um.

Petra Thorbrietz, geboren 1954, ist Journalistin und Publizistin. Sie lebt als freie Autorin in München.

Leichter lernen mit FOCUS SCHULE

Petra Thorbrietz

Konzentration

Wie Eltern ihr Kind unterstützen können

Mit Test und Übungen

Herausgegeben von Gaby Miketta

Wissenschaftliche Beratung:
Prof. Dr. Martin Korte,
Hirnforscher an der Technischen Universität Braunschweig

Deutscher Taschenbuch Verlag

Originalausgabe
Oktober 2007

www.dtv.de

Umschlagkonzept: Balk & Brumshagen
Umschlaggestaltung und -illustration: Björn Maier/FOCUS
Test: youngworld-Institut, München
Satz: Greiner & Reichel, Köln
Gesetzt aus der Candida 9,5/13˙
Druck und Bindung: Druckerei C. H. Beck, Nördlingen
Gedruckt auf säurefreiem, chlorfrei gebleichtem Papier
Printed in Germany · ISBN: 978-3-423-34445-6

INHALT

VORWORT

Elf Millionen Eltern mit Schulkindern suchen einen erfolgreichen Weg durch das deutsche Bildungschaos in 16 Bundesländern. Und dabei tauchen viele Fragen auf: Soll ich mein Kind bereits mit fünf Jahren einschulen lassen? Ist das Gymnasium oder die Realschule die richtige Schulform? Wie kann man Konzentration, Motivation oder Talente klug fördern? Überfordere ich mein Kind? Oder unterfordere ich es? Mit dem Magazin Focus-Schule geben wir Antworten auf viele drängende Fragen. Denn um die richtigen Entscheidungen treffen zu können, benötigen Eltern fundierte Informationen und kompetenten Rat. Genau deshalb haben wir uns entschlossen, einige wichtige Aspekte tiefgreifender zu thematisieren, als dies in einer Zeitschrift möglich wäre. Die Fähigkeit, sich auf bestimmte Aufgaben oder Lerninhalte konzentrieren zu können, ist sicher eine der wichtigsten Säulen für den Schulerfolg. Grund genug, das Thema »Konzentration« für das erste Focus-Schule-Buch zu wählen. Zwei weiteren wichtigen Bereichen werden wir uns ebenso widmen: Motivation und Gedächtnis. Alle drei Fähigkeiten zusammen – konzentriert zu lernen, motiviert an Schulaufgaben heranzugehen, Lerninhalte auch über längere Zeit abzuspeichern – sind für Schüler essentiell, um effektiv, erfolgreich und mit Freude alle Schuljahre zu bestehen und gut vorbereitet in die Berufsausbildung zu starten. Wir wollen mit den Ratgeberbüchern Eltern helfen zu verstehen, wie ihre Kinder diese enormen Leistungen erbringen können, wo die Fehler liegen, wenn es nicht so gut klappt wie erhofft, und was Eltern und Kinder gemeinsam trainieren können. Ich freue mich, dass wir den Hirn- und Lernforscher Prof. Dr. Martin Korte von der Universität Braunschweig als wissenschaftlichen Berater gewinnen konnten. Er ist nicht nur ein ausgezeichneter Experte, sondern auch selber Vater zweier Söhne und hat über viele Jahre hochbegabte Kinder in Sommerakademien betreut.

Wir wollen Ihnen Anregungen geben, keine Regie-Anweisungen, denn wie Ihr Kind lernt, ist ganz individuell. Am Ende wissen Sie als Eltern am besten, was Ihr Kind kann, mag oder verabscheut. Verstehen Sie dieses Buch über das erstaunliche Phänomen der Konzentration als Reise in die spannende Welt eines nur drei Pfund schweren Universums: in das menschliche Gehirn. Alles, was Ihr Kind weiß und fühlt, liegt in diesen 100 Milliarden Nervenzellen verborgen. Und wenn wir als Eltern besser verstehen, wie diese komplexen Strukturen es ermöglichen, die Welt zu begreifen und nebenbei Englisch, Mathematik, Geschichte sowie Klavierspielen und Tennis zu lernen, dann verstehen wir auch die Lernprobleme unserer Kinder besser.

Gaby Miketta
Chefredakteurin Focus-Schule

Olli ist schon elf, aber aufführen kann er sich wie ein Kleinkind. Kaum hat in der Schule die Glocke geklingelt und die Lehrerin den Raum betreten, wird der coole Junge mit der braunen Gelmähne zum vibrierenden Zentrum eines Erdbebens. Während die ersten Rechenbeispiele an die Tafel geschrieben werden, fabriziert Olli aus einer Seite seines Heftes kleine zusammengerollte Kanonenröhrchen, durch die er Tintenpatronen abschießt. Nach zwei Minuten ist nicht nur das Pult blau verschmiert, sondern auch sein Nachbar. Von der Lehrerin zur Ordnung gerufen, beginnt Olli, die Rechenaufgaben abzuschreiben, doch schon bei der dritten hat er den Faden verloren. Stattdessen versucht er, mit dem Stuhl auf einem Bein zu balancieren und gleichzeitig mit seinem Hintermann zu reden. Nach 20 Minuten Mathematikunterricht hat der Junge mit seinem unruhigen Verhalten nicht nur die Lehrerin, sondern die halbe Klasse aus dem Konzept gebracht.

Kinder, die den Unterricht stören, haben meist einen ganz einfachen Grund: Sie können sich nicht konzentrieren. Es fällt ihnen schwer, etwas zu tun, das keinen Kick bietet, ihre Sinne nicht reizt oder sofortige Zufriedenheit verspricht. Wenn das Nachdenken mühsam wird, zum Beispiel beim Verstehen einer Textaufgabe, dann lassen sie einen Gedanken einfach links liegen und wechseln das Thema. Wie beim Channelhopping, beim Wechseln der Kanäle, »switchen« sie von einem »Programm« zum anderen.

Dann hilft Intelligenz wenig und die besten Lehrangebote scheitern.

Erst recht sind solche Kinder verloren, wenn sie selbstständig arbeiten sollen. »Jetzt bleib endlich mal ruhig sitzen«, schimpft die Mutter dann, wenn ihre Tochter schon zum dritten Mal in der Küche war, um sich was zu trinken zu holen, sie zwischen ihren Aufgaben mit Freundinnen telefoniert oder ihr Federmäppchen sortiert. Andere schweifen mit ihren Gedanken ab, sie vergessen ihre Bücher und Hefte – und die Zeit. Sie verlieren sich in ihren Gedanken, lassen sich von Fantasien treiben, starren dabei aus dem Fenster oder fangen an zu malen, anstatt die Rechenaufgabe zu lösen.

Solche Kinder tun sich schwer mit dem Lernen, weil ihnen eine ganz wichtige Erfahrung fehlt: der Kick, wenn es »klick« macht. Sie haben es nie erlebt, dieses Gefühl der Ekstase, wenn der wirre Knoten im Kopf sich plötzlich löst und die Gedanken wie von allein Form annehmen. Wenn man auf einmal nichts mehr hört und sieht um sich herum, weil man so sehr gefesselt ist von einer Aufgabe. Plötzlich scheint sich alle Energie in diesem einen Punkt zu bündeln. Sie kennen nicht dieses tiefe Gefühl der Befriedigung, wenn eine Fragestellung beantwortet, eine Prüfung bewältigt, ein Problem gelöst wurde.

Konzentration ist der erste Schritt auf dem Weg zu solchen Erfolgserlebnissen. Nur wenn Kinder lernen, ihre Aufmerksamkeit zu fokussieren und Störfaktoren wegzufiltern, können sie ihr ganzes Potenzial an Intelligenz, Wissen und Kreativität ausschöpfen. Doch 40 Prozent aller deutschen Kinder haben nach einer Infratest-Umfrage aus dem Jahr 2004, im Auftrag von Focus-Schule, Probleme damit. »Sie können den Aufmerksamkeitsschalter im Kopf nicht an- und abschalten«, erklärt das Helmar Diessner, Kinder- und Jugendlichenpsychotherapeut aus Hamm. »Von den vielen Reizen, die auf sie einwirken, gelingt es ihnen nicht, die jeweils wichtigen auszuwählen.«

Wie das eigentlich funktionieren müsste, zeigt ein Beispiel, das Psychologen den »Cocktail-Party-Effekt« nennen: In einem Raum, in dem sich viele Menschen in kleinen Gruppen unterhalten, weckt plötzlich etwas die Aufmerksamkeit. Aus der Fülle der Bilder und Geräusche hat das Gehirn etwas herausgefiltert, einen bekannten Namen, der bei einem der vielen Gespräche gefallen ist. Sofort richtet sich die Wahrnehmung gezielt auf die Ecke und die Gruppe, in der der Name fiel. Um nun herauszufinden, worum es dort genau geht, müssen alle anderen Eindrücke ausgeblendet werden – das Gehirn zum Beispiel kann plötzlich ganze Sätze des in einiger Entfernung geführten Gesprächs erkennen und verdrängt dabei die Hintergrundmusik, das Klirren der Gläser oder den Small Talk des Menschen, der neben einem steht.

Das Beispiel zeigt verschiedene Aspekte der Aufmerksamkeit – die allgemeine Wachsamkeit, im Fachjargon »Vigilanz« genannt, und die ganz spezielle Konzentration auf einen bestimmten Vorgang. Dieses Buch will erklären, wie komplex die Vorgänge sind, die sich dabei im Gehirn abspielen, wie diese sich im Laufe des Kindes- und Jugendalters verändern und entwickeln, und welche Faktoren auf sie einwirken.

Was passiert im Gehirn, wenn wir einen Gedanken formulieren, wenn wir uns an etwas erinnern oder Neues lernen? Welche Rolle spielt die Konzentration dabei? Was hat die Motivation damit zu tun? Was unterscheidet entwicklungsbedingte Konzentrationsschwächen von einer chronischen Aufmerksamkeitsstörung?

Wichtig dabei ist, Fehlentwicklungen rechtzeitig zu erkennen und zu korrigieren.

Ein ausführlicher Test nach Seite 56, den Sie mit Ihrem Kind zu Hause durchführen können, hilft Ihnen bei der Einschätzung, wo Ihre Tochter oder Ihr Sohn noch Schwächen hat. Sie erfahren außerdem, wie Sie die Grundlagen für konzentriertes Arbeiten verbessern können, und Sie lernen Methoden und Übungen kennen, welche spielerisch die Aufmerksamkeit Ihres Kindes schärfen. Konzentration ist keine Frage der Vererbung oder Intelligenz – man kann sie lernen. Man muss sie sogar lernen, sie ist uns nicht in die Wiege gelegt.

Auf der Basis dieses Buches können Sie als Eltern viel dazu beitragen, die Konzentrationsfähigkeit Ihrer Kinder zu stärken und damit eine wichtige Grundlage für deren intellektuelle Entwicklung zu schaffen.

Die Fähigkeit, zur Ruhe zu kommen, alles Störende auszuschalten und sich ganz einer Sache zu widmen, ist aber nicht bloß eine Frage der richtigen Lerntechnik. Bei der Konzentration geht es um Grundsätzliches – um das Leben mit dem Überfluss, um die Selbstwahrnehmung in einer Welt voller Außenreize, um Zielsetzungen, Engagement, Zuwendung. Konzentration gehört zu den Herausforderungen des Erwachsenwerdens und bleibt ein Leben lang eine zentrale Tugend.

Der Philosoph Erich Fromm hat das eindrucksvoll beschrieben: »Sich zu konzentrieren ist in unserer Kultur noch weit schwieriger, wo alles der Konzentrationsfähigkeit entgegenzuwirken scheint. Der wichtigste Schritt dazu ist zu lernen, mit sich selbst allein zu sein, ohne zu lesen, Radio zu hören, zu rauchen oder zu trinken. Tatsächlich bedeutet sich konzentrieren zu können dasselbe, wie mit sich allein sein zu können. Erst wer zu Eigendisziplin, Geduld und Konzentration in der Lage ist, kann für sich auch Liebes- und Hingabefähigkeit entwickeln.«

Das alles müssen Kinder zuallererst von ihren Eltern lernen. Von Ihnen.

Dieses Buch soll Ihnen dabei helfen.

Jeder von uns kennt Situationen, in denen uns die Konzentration im Stich lässt: in Bewerbungsgesprächen, wenn plötzlich die Worte fehlen, im Verkehr, wenn wir um Haaresbreite einen Unfall verursacht hätten, am späten Abend, wenn wir, bereits müde, einen Artikel in der Zeitung dreimal lesen müssen, um ihn zu verstehen. Und dann die Schmach, wenn die fünfjährige Tochter oder der siebenjährige Sohn doppelt so schnell die passende Karte beim Memory-Spiel aufdeckt wie jeder Erwachsene. Warum nur, fragen wir uns, ist das Kind beim Lösen seiner Rechenaufgaben nicht so blitzgescheit?

Doch sich zu konzentrieren ist anstrengend, vor allem, wenn wir keine Lust an einer bestimmten Tätigkeit haben. Im Gehirn muss die Aufmerksamkeit wie ein Scheinwerfer auf eine ganz bestimmte Sache gelenkt werden – und die vielen anderen Eindrücke, Wahrnehmungen, Erinnerungen und Gefühle bleiben eine Zeit lang im Halbschatten oder ganz ausgeblendet. Doch wie finden die vielen Milliarden Nervenzellen unseres Gehirns zu der jeweils richtigen Prioritätenliste? Und warum schaffen es manche Kinder, sich auch auf Dinge zu konzentrieren, die ihnen keinen Spaß machen?

Um die Konzentration zu verstehen, müssen wir uns etwas genauer ansehen, wie das Gehirn arbeitet. Das fängt mit der Frage an, was beim Denken, Erinnern und Lernen eigentlich passiert. Wenn Olli sich eine Zahl vorstellt – wie entsteht deren Form, Größe und Bedeutung in seinem Kopf? Wie lernt er, dass acht mal acht 64 ist und ein Fünftel gleichbedeutend mit 20 Prozent? Wie entsteht Sinn in seinem Kopf?

Denn erst die sinnvolle Vernetzung von Informationen schafft die Wachheit, die wir benötigen, um Aufgaben konzentriert zu bearbeiten.

Denken heißt Wege finden

In unserem Gehirn gibt es mehr als 100 Milliarden Nervenzellen, ein Fünftel davon befindet sich im Großhirn. Jede einzelne hat Verbindungen mit bis zu 10 000 anderen Zellen – das macht eine Trillion Kontakte.

Bei seiner Geburt verfügt der Mensch jedoch nur über etwa die Hälfte dieser Schaltstellen. Viele der Verknüpfungen werden als Reaktion auf die Umwelt erst später geschlossen – dabei entstehen Lernpfade durch unseren Kopf, wie wir noch sehen werden. Auch wenn der Löwenanteil dieser Vernetzungsprozesse in der Kindheit liegt, bleibt das Gehirn ein Leben lang ein plastisches und sich durch neu gebildete Nervenbahnen immer wieder veränderndes Gebilde.

Bevor der Mensch denkt, lernt er schon. Der Embryo speichert bereits in der Gebärmutter die Eindrücke seiner Umwelt: Er hört Geräusche, spürt die Schwerkraft und ertastet seinen Raum. Diese Erfahrungen werden den Menschen nach seiner Geburt ein Leben lang prägen, auch wenn er sich daran nicht bewusst erinnern kann. Sie sind in seinem Nervensystem »abgelegt«.

Nach der Geburt, wenn das Baby die schützende Höhle des Bauches verlassen hat und es plötzlich einer Umwelt mit einer weitaus größeren Zahl an Reizen ausgeliefert ist, kommt es zu einer wahren Explosion: Jeder neue Eindruck prägt sich ein und hinterlässt seine Spuren im Kopf. Deshalb nimmt die Zahl der Kontaktstellen der Nervenzellen, man nennt diese Synapsen, in den ersten drei Lebensjahren rasant zu: Jede Gehirnzelle bildet Tausende davon aus!

Mit zwei Jahren besitzt ein Kind schon ähnlich viele Synapsen wie ein Erwachsener. Mit drei Jahren hat sich deren Zahl bereits verdoppelt. Im Vergleich zum Körpergewicht ist das Gehirn eines Dreijährigen also viel aktiver als das eines Erwachsenen: Es verbraucht fast doppelt so viel Glukose (Traubenzucker).

Außerdem enthält es deutlich mehr Botenstoffe, sogenannte Neurotransmitter.

Noch sind weite Teile des Gehirns wenig strukturiert – das Netz an möglichen Informationswegen ist riesig und weitverzweigt. Viele Botschaften erreichen zunächst nur auf Umwegen ihr Ziel. Doch während des Wachstums beschleunigt das Gehirn seine Tätigkeit: Die Nachrichten finden einfachere Wege und verlassen die komplizierten Pfade, sie bündeln sich und bewegen sich dabei immer schneller. Die Geschwindigkeit der Nervenimpulse nimmt zwischen der Geburt und dem Erwachsenenalter um das Sechzehnfache zu.

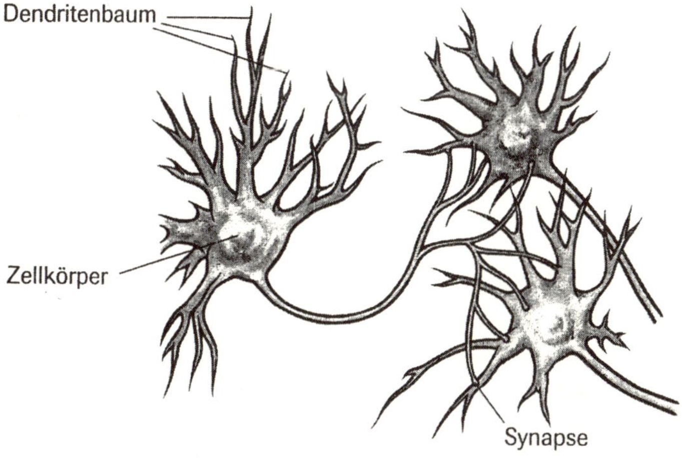

Äußere Einflüsse regen die Nevenzellen dazu an, neue Verästelungen (Dendriten) zu bilden, die sich über Synapsen zu Nervenbahnen zusammenschließen.

Während das Gehirn zunehmend Struktur gewinnt, lassen sich »Zeitfenster« für bestimmte Aufgaben identifizieren. Zum Beispiel hört ein Baby sehr viel differenzierter als ein Erwachsener. Es hat noch keine Probleme, die exotische Vielfalt chinesischer Laute genauso sicher zu identifizieren wie die afrikanischer oder europäischer Sprachen. Doch schon nach etwa einem halben Jahr setzt der Abbau derjenigen Synapsen ein, die das zunächst ermöglichten. Viele der Nervenverbindungen haben sich nämlich als überflüssig erwiesen, weil das Kind nur eine einzige Sprache hört.

Im Vorschulalter haben Kinder also bereits viel weniger für den Spracherwerb zuständige Nervenzellen, doch immer noch deutlich mehr als zwei, drei Jahre später – deshalb hält man das Alter von vier oder fünf heute für besonders geeignet, um mit Englisch, Spanisch oder Französisch zu beginnen. Erlernen kann man eine neue Sprache bis ins hohe Alter, aber es fällt uns dann schwerer und wir werden beim Sprechen zumindest einen leichten Akzent haben. Denn das absolute Gehör für die Phoneme, die Lauteinheiten der Sprachen, ist uns längst abhandengekommen.

Während im Kleinkindalter also einerseits die Zahl der Nervenzellen rasant wächst, werden schon früh solche Verbindungen wieder gekappt, die sich als nutzlos für den Alltag erweisen: Nach dem Grundschulalter verlieren Kinder in bestimmten Hirnarealen an die Hälfte der bis dahin entstandenen Verbindungen. Um das 16. Lebensjahr herum hat sich die Zahl der Verknüpfungen im Gehirn dann auf ein stabiles Niveau eingependelt.

Der Prozess jedoch, dass Synapsen immer wieder eliminiert, verstärkt oder neu gebildet werden, hält ein Leben lang an. Bis ins hohe Alter bleibt das Gehirn auf diese Weise lernfähig – wenn es genügend positive Reize bekommt. Deshalb spielt auch die erbliche Intelligenz nur eine begrenzte Rolle: Die Struktur des Gehirns hängt eben nicht nur von der genetischen Veranlagung ab, sondern zu einem großen Teil auch von der Umwelt – vor allem von dem in der Kindheit Erfahrenen, Gelernten, Erlebten.

Denn in dieser für das Gehirn besonders wichtigen Lebensphase bilden sich spezialisierte Nervennetze für einzelne Aufgabenbereiche heraus – in unterschiedlichen Schüben: Der Hinterhauptslappen zum Beispiel, der für die visuelle Wahrnehmung (das Erkennen von Bildern) zuständig ist, verfügt schon in den ersten Lebensmonaten über sehr viele Synapsen.

Das Wachstum in den Stirnlappen dagegen, die für Planung, Urteile und Aufmerksamkeit zuständig sind, entwickelt sich überwiegend zwischen dem dritten und sechsten Lebensjahr und dauert besonders lange. Es ist erst zum Ende der Pubertät abgeschlossen.

Deshalb haben Teenager so lange Probleme, die Folgen ihres Handelns richtig einzuschätzen, und sie tun sich schwer damit, rationale Entscheidungen zu treffen und Notwendigkeiten zu erkennen – zum Beispiel die, sich auf eine Prüfung gezielt vorbereiten zu müssen.

Dieses Beispiel zeigt auch, dass der Stirnlappen wichtig für die Konzentrationsfähigkeit ist: Hier entstehen Bewertungen, die für Interesse und Motivation wichtig sind.

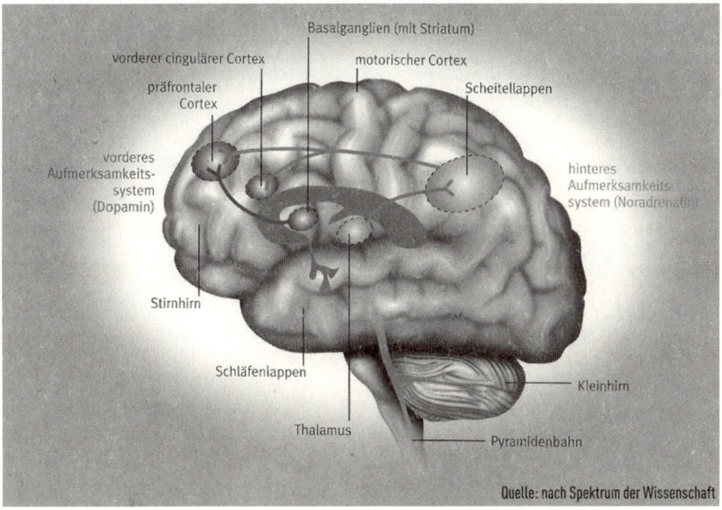

Die für die Konzentration wichtigsten Hirnregionen sind über das ganze Gehirn verteilt.

Die Neugierde – eine wichtige Voraussetzung für Aufmerksamkeit – wächst bereits in den ersten Lebensjahren. Kleinkinder haben ihre ersten Erfolgserlebnisse, wenn sie im Spiel Aufgaben lösen und Zusammenhänge begreifen. Dazu benötigen sie viele Anregungen, und am besten ist es, wenn sie aus diesen selbst auswählen können, weil sie das dann zielsicher nach ihrem Entwicklungsstand und ihren jeweiligen Bedürfnissen tun.

Eine Fülle von Spielzeugen ist jedoch kontraproduktiv, sie überfordert Kinder schnell. Eltern, die sich gegen die Geschenklust von Freunden und Verwandten nicht durchsetzen können, sollten eine »Monatskiste« einführen: Die Kinder dürfen wählen, welches Spielzeug sie für einen bestimmten Zeitraum haben möchten, und müssen so lange die anderen Spielsachen wegpacken. Das Drosseln des Überflusses schon im Kleinkindalter ist ein ganz wichtiger Beitrag zur Stärkung der Konzentrationsfähigkeit!

Mit der Entwicklung des Gehirns wachsen die Fähigkeiten des Kindes. Hier ein Überblick über die wichtigsten Stationen:

- Bis zum Alter von drei oder vier Jahren ist das Gehirn noch nicht in der Lage, Erfahrungen und Erlebnisse in sein Langzeitgedächtnis so abzuspeichern, dass sie wieder bewusst aufgerufen werden können. Man nennt das »infantile Amnesie«. Zwar lernen wir vieles – zum Beispiel ein bestimmtes Essen zu lieben. Aber wir erinnern uns später nicht mehr daran, warum das so ist. Erst nach dieser Phase setzen die ersten Eindrücke ein, die als Erinnerungen bis in das Erwachsenenalter bewahrt bleiben.
  Beim Erlernen der Sprache wird die Semantik, die Bedeutung der Worte, rascher verstanden als die Grammatik, weil sie in unterschiedlichen Hirnregionen (Wernicke- und Broca-Areal) verortet sind.
- Auch analytische und intuitive Begabungen sind in gegensätzlichen Gehirnhälften abgespeichert (stark vereinfacht: links die

Ratio, rechts das Gefühl). Im Alter von vier Jahren verbessert sich allmählich die Kommunikation zwischen diesen Seiten. Das Kind beginnt nun, zwischen Schein und Wirklichkeit zu unterscheiden. Es erkennt, dass Menschen unterschiedliche Gedanken und Motive haben, und kann sich in Rollen hineinversetzen. Die verschiedenen Aspekte der Aufmerksamkeit sind ebenfalls auf die beiden Gehirnhälften verteilt: Die rechte sorgt für die Aufrechterhaltung der Aufmerksamkeit und dafür, dass das Gehirn auf optische Reize im gesamten Blickfeld richtig reagiert. Die linke Hemisphäre ist für stark wechselnde Aspekte der Aufmerksamkeit zuständig und beschränkt sich auf die rechte Seite der Welt – egal, ob es dabei um Hören, Sehen oder Tasten geht. Bevor Kinder sich länger auf etwas konzentrieren können, muss das Zusammenspiel der Hirnhälften eingeübt sein – während gleichzeitig der Stirnlappen heranreift, das Arbeitsgedächtnis und die Planungszentrale des Gehirns.

- Mit sechs Jahren beginnt eine neue Phase intellektueller Reife: Das Kind ist weniger impulsiv, es kann die eigenen Gefühle besser kontrollieren und hat gelernt zu warten. Seine Stirnlappen prägen immer mehr Verbindungen für logisches Denken, Urteilsfähigkeit, Rechnen und »vernünftiges« Verhalten aus. Das hilft ihm, sich besser zu konzentrieren und zielgerichtet zu lernen.
- Gleichzeitig strukturieren sich die hinteren Hirnregionen: Das stärkt die sprachlichen Fähigkeiten und das räumliche Vorstellungsvermögen.
- Ab dem 10. Lebensjahr besitzt das Kind bereits eine ausgeprägte Persönlichkeit. Sein Gehirn hat nun eine bestimmte Struktur ausgebildet, die auch in Zukunft darüber bestimmt, ob das Lernen leichter oder schwerer fallen wird. Hat ein Kind zum Beispiel bereits früh ein Instrument gespielt, kann es seine musischen Talente weiter ausbauen. Ist es zweisprachig aufgewachsen, eignet es sich leicht auch noch eine dritte Sprache an.
- Je vielfältiger und breiter die in der Kindheit ausgeprägte Struktur des Gehirns ist, umso beweglicher bleibt auch die Denkfähigkeit eines Erwachsenen.

Um sich auch in späteren Jahren noch Neues aneignen zu können, muss man jedoch gelernt haben zu lernen. Kinder müssen imstande sein, sich Ziele zu setzen, den Weg dorthin zu planen und die eigenen Fortschritte zu kontrollieren. Sie müssen erfahren haben, wie man sich Wissen aneignet und überprüft und welche Lernstrategien für sie die richtigen sind. Wo liegen die eigenen Stärken und Schwächen? Wie kann man das bereits Gelernte erinnern und in bisheriges Wissen eingliedern? Wie motiviert man sich und wie steckt man Misserfolge ein?

Bei alldem spielt die Konzentrationsfähigkeit eine entscheidende Rolle.

Erinnern heißt Brücken bauen

Wenn der elfjährige Olli im Unterricht nicht herumhampeln würde, sondern seine Aufmerksamkeit auf die Tafel richtete, könnte er im Englischunterricht vielleicht das Verb richtig beugen, das die Lehrerin zusammen mit vielen Beispielen an die Tafel geschrieben hat. Er würde die Zusammenhänge in der Grammatik erkennen und sich vielleicht die eine oder andere Deklination bereits merken.

Was passiert im Kopf, wenn wir uns etwas »einprägen«?

Olli sieht die Wörter, die mit Kreide an die Tafel geschrieben wurden, er hört die Lehrerin, wie sie diese laut vorliest. Seine Sinne sind Informationskanäle, über die Eindrücke aus der Umwelt das Gehirn erreichen. Je nach »Lerntyp« sprechen Kinder auf einzelne dieser Wege besonders an – sie hören, schreiben, lesen oder sprechen lieber, um sich Dinge zu merken. Manchen hilft es, sich dabei zu bewegen, zum Beispiel auf und ab zu gehen. Für alle gilt jedoch: Je mehr Sinne gleichzeitig angesprochen werden, desto größer ist die Chance, dass das Gehirn sich Neues einprägt.

Die Anzahl der Nervenfasern von allen Sinnesorganen ins

Gehirn beträgt 2,5 Millionen, davon beziehen sich allein eine Million nur auf die Augen, die restlichen auf Ohren, Nase, Geschmack, Haut und Impulse aus dem Körperinneren. Jede dieser Fasern kann mehrere Hundert elektrische Impulse pro Sekunde abgeben. Das ergibt einen Datentransfer ins Gehirn von 100 Megabyte pro Sekunde! Das Gehirn muss also Filter einsetzen.

Wenn Sie in einer Bahnhofshalle stehen, nehmen Sie Tausende von Dingen wahr: Ihre Zugverbindung auf der Anzeigetafel und die Uhr daneben, die Schaffner, die auf dem Bahnsteig auf ihren Zug warten, die dicke Frau mit dem auffallenden roten Koffer vor Ihnen, die Verspätungsdurchsage, den Geruch frischer Pizza vom Imbiss-Stand usw. In Bruchteilen von Sekunden drängen Millionen von Informationen über die Sinnesorgane ins Gehirn, verwandeln sich in elektrische Ströme und Schwingungen und werden so an den Wahrnehmungsspeicher des Gehirns, das Kurzzeitgedächtnis, weitergeleitet. Doch genauso schnell sind die meisten davon auch schon wieder verschwunden. Sie haben sich gerade mal das Gleis gemerkt und den Rest vergessen. Wie ein Filter hat das Kurzzeitgedächtnis Wichtiges aus Unwichtigem gesiebt.

Gleichzeitig werden die Daten, die ständig vom Gehirn registriert werden, aber nicht nur von unten nach oben gefiltert, sondern – wie wir später noch genauer sehen werden – auch von oben nach unten vorstrukturiert und bearbeitet. Das heißt, hierarchische höhere Hirnregionen beteiligen sich an der Auswahl, welche der eintreffenden Reize überhaupt wahrgenommen werden.

Das Arbeitsgedächtnis im Stirnlappen ist einer dieser hierarchischen Orte im Kopf. Seine Kapazität hängt vom Alter ab: Erwachsene können im Schnitt sieben Einzelheiten (oder Gruppen, Gestalten, sinnhafte Einheiten wie etwa Buchstaben eines Wortes) »mit einem Blick« erfassen, auseinanderhalten oder verarbeiten. Ein Kind schafft nur fünf davon, eines mit einer Aufmerksamkeitsstörung vielleicht sogar nur drei.

Dieser Teil des Gehirns hält Informationen genau so lange fest, wie wir diese gerade benötigen – die Gleisnummer zum Beispiel. Sind Sie in Ihren Zug eingestiegen, ist diese Information nicht mehr wichtig und kann gelöscht werden. Wie lange Botschaften im Kurzzeitgedächtnis gehalten werden, darauf haben wir einen gewissen Einfluss, indem wir versuchen, uns zu konzentrieren – die Sitzplatznummer zum Beispiel vor uns hinmurmeln, während wir unser Abteil suchen.

Wer bei einer Vorstellung ihm unbekannte Namen behalten will, geniale Einfälle, wenn gerade kein Papier zur Hand ist, oder Zwischensummen beim Kopfrechnen, der muss sein Gehirn zwingen, nicht abzuschweifen. Unsere allgemeine Aufmerksamkeit nämlich funktioniert wie eine Art Suchscheinwerfer, der ständig seine Umgebung auf mögliche Bedrohungen absucht. Sich auf etwas zu konzentrieren bedeutet zunächst einmal, gegen diesen von der Evolution angelegten Reflex anzugehen, ihn durch andere Nervenimpulse zu überschreiben.

Diese Fähigkeit wächst mit dem Alter: Bis zum 12. Lebensjahr nimmt sie kontinuierlich zu. Während der Pubertät ist die Konzentration wie vieles andere im Körper im Ungleichgewicht, um dann mit 16 bis 18 Jahren das Niveau eines Erwachsenen zu erreichen.

Weil Olli sich jedoch nicht genug auf den Unterricht konzentriert, verschwinden die Wörter an der Tafel und die Worte der Lehrerin, die visuellen und phonetischen Botschaften, in kürzester Zeit wieder aus seinem Gedächtnis. Dann, wenn er es nicht schafft, die vielen gleichzeitigen Eindrücke, Wahrnehmungen, Erinnerungen und Gefühle eine Zeit lang auszublenden und sich auf das Wesentliche zu fokussieren. Das nämlich sorgt erst dafür, dass die englischen Vokabeln und Grammatikregeln durch einen zweiten Filter in das Langzeitgedächtnis dringen. Nur dort bleiben sie dauerhaft erhalten.

Die zentrale Frage ist also: Was halten wir für so wichtig, dass wir es den Filter ins Langzeitgedächtnis passieren lassen? Welche Rolle spielt die Konzentration dabei?

Wenn wir unser Interesse aktiv auf etwas richten, versetzen wir das Gehirn in einen Zustand besonderer Wachheit. Der Auslöser dafür sind fast immer Gefühle, Stimmungen und Leidenschaften. Sie führen dazu, dass in den für Emotionen zuständigen Arealen des Gehirns chemische Botenstoffe ausgeschüttet werden. Sind Informationen für uns bedeutsam, reizvoll und spannend, wecken die Substanzen Dopamin und Acetylcholin unsere Aufmerksamkeit. Das könnte zum Beispiel passieren, wenn Olli an der Tafel ein englisches Wort wiedererkennt, das auf einer seiner Spielzeugfiguren steht. Oder wenn er seiner Lieblingslehrerin imponieren will.

Schwerer haben es Informationen, zu denen Olli keine emotionale Bindung hat – Vokabeln, die ihm nichts bedeuten, abstrakte Grammatikregeln oder eine Sprache, die er im Alltag nicht verwenden kann. Sie können den Jungen nicht fesseln.

Umso wichtiger ist es, dass er lernt, diese Inhalte über längere Zeit in seinem Gedächtnis wachzuhalten – auch wenn es Mühe macht. Denn nur dann, zum Beispiel nach hartnäckigem Wiederholen beim Vokabeltraining, schaffen sie den Sprung ins Langzeitgedächtnis.

Lernen kann viel Spaß machen, aber um ehrlich zu sein: Oft ist es einfach harte Arbeit. Denn selbst wenn wir es geschafft haben, Inhalte in unserem Langzeitgedächtnis abzulegen, können wir den größten Teil der Erinnerung dennoch nicht aktiv abrufen. Dann suchen wir zum Beispiel in einer fremden Sprache nach einer Vokabel und finden sie nicht, dabei liegt sie quasi auf der Zunge. Wir wissen aber sofort, was gemeint ist, wenn wir das fremde Wort hören.

Um Lerninhalte wachzuhalten, müssen also die meisten von ihnen immer wieder in Erinnerung gerufen werden – am besten nicht isoliert, zum Beispiel mit einem Vokabeltrainer, sondern verknüpft mit verschiedensten Kontexten: Wenn ein Kind anhand eines blauen Spielzeugtiers lernt, dass es ein »blue dog« ist, wird es sich die englische Vokabel für Hund viel leichter einprägen, als wenn das Wort nur auf einem Zettel stünde. Dann ist der nächste Schritt, ein Kleidungsstück als »blue shirt« zu identifizieren, bereits viel leichter.

Hinter solchen bildhaften Strategien steckt auch das Geheimnis jedes erfolgreichen Gedächtnistrainings. Christiane Stenger, frühere Weltrekordhalterin im Zahlenmarathon, gab bei Wettbewerben zum Beispiel 138 Ziffern in der richtigen Reihenfolge wieder. Sie benutzt Memotechniken, die das Gehirn dazu bringen, eine Flut von Informationen so mit Sinn zu versehen, dass sie vorübergehend im Kurzzeitspeicher abgelegt und dort auch wiedergefunden werden.

Das funktioniert vor allem über Bilder und Gefühle. Zum Beispiel denkt sich die Gedächtnistrainerin für einzelne Ziffern Gegenstände aus, die sie dann zu einer Geschichte verknüpft. Das hilft ihr, sich die Reihenfolge der Zahlen einzuprägen. Besonders häufig werden auch Routen benutzt: Man wandert in Gedanken einen bekannten Weg entlang und legt die Begriffe, die man sich merken will, an Fixpunkten ab – Kreuzungen, Bäumen, Denkmälern.

Lernen heißt Verbindungen knüpfen

Lernen bedeutet natürlich viel mehr, als sich nur eine Zahlenreihe, eine Vokabel, einen Begriff oder eine Formel einzuprägen. Das Gehirn arbeitet ununterbrochen, um neuen Eindrücken auch »Sinn« zu geben: Es ordnet Ereignisse in Sequenzen, positioniert sie in eine Reihe mit Ähnlichem, ignoriert bereits Bekanntes, bildet Kategorien, Muster und

Hierarchien. Es stellt Beziehungen zu anderen Informationen her und fügt neu Gelerntes in bereits abgespeichertes Wissen ein.

Wir werden aufmerksam, wenn wir auf eine Grammatikregel stoßen, die wir in einem anderen Zusammenhang kennengelernt haben, wir erinnern uns an ein Foto, das im Lehrbuch über dem entsprechenden Abschnitt stand, uns fällt plötzlich ein Lied ein, in dessen Songtext ein Begriff vorkam – der uns plötzlich in seiner Bedeutung klar wird.

Wie funktioniert das? Wie werden abgespeicherte Informationen aktiviert? Wie sehen Erinnerungen aus, bevor sie in unser Bewusstsein rücken?

Erinnern wir uns: Beim Denken nutzt das Gehirn Teile seiner 100 Milliarden Nervenzellen. Wenn diese elektrische Impulse aussenden (»feuern«), werden Botenstoffe ausgeschüttet. Diese koppeln sich an andere Zellen. Dabei werden die chemischen Signale erneut in elektrische verwandelt und weitergeleitet. Da jede einzelne der Neuronen bis zu 10 000 Synapsen besitzt, stehen eine Trillion Kombinationsmöglichkeiten zur Verfügung, um Botschaften zu kodieren und weiterzuleiten.

Nur ganz wenige Informationen sind mit einer einzigen, »ihrer« Nervenzelle verknüpft. Der kalifornische Neurochirurg Itzhak Fried entdeckte 2005, dass einige Neuronen anscheinend nur beim Anblick eines ganz bestimmten Menschen oder zum Beispiel einer berühmten Sehenswürdigkeit aktiv werden. Doch dass einzelne oder wenige Neuronen so deutlich spezialisiert sind, ist sehr selten und bisher nur von der Speicherung visueller Inhalte bekannt. In der Regel bilden viele Neuronen wechselnde Verbünde, um Objekte oder Inhalte zu identifizieren. Informationen werden also in Netzen von Nervenzellen abgespeichert. Für jede davon, zum Beispiel einen Namen, entsteht ein spezifisches, raum-zeitliches Muster.

Peter Indefrey, Mediziner und Sprachwissenschaftler vom

Max-Planck-Institut für Psycholinguistik in Nijmegen, konnte zeigen, wie komplex solche Vorgänge sind. Allein beim Zugriff auf das Wort »Hund« konnten bei einem Experiment sechs verschiedene Ebenen des Denkens nachgewiesen werden: Sie reichten von der Bedeutungsebene (belebt? bekannt? Mensch, Tier oder Sache?) über die Suche im kopfeigenen Lexikon (Ist mir das schon mal begegnet?) bis hin zu den einzelnen geschriebenen Silben und Lautmalereien des Wortes.

Wenn bestimmte Informationen – wie zum Beispiel die Worte eines Gedichtes – öfter wiederholt werden, führt das dazu, dass sich die Kontaktstellen der Nervenzellen in den jeweiligen Netzen teilen und vervielfältigen. Das verstärkt die in diesem Zusammenhang bereits geknüpften Schaltkreise und intensiviert die Erinnerung.

Die auf unterschiedliche Aufgaben spezialisierten Teile des Gehirns können bei einem solchen Denkmarathon sogar größer werden. Bei Taxifahrern zum Beispiel wurde mithilfe einer Magnetresonanztomographie festgestellt, dass ihr Ortsgedächtnis im Gehirn größeren Raum einnahm als bei anderen Autofahrern. In Zeiten des elektronischen Bordcomputers entwickeln sich solche Fähigkeiten allerdings wieder zurück, weil sie nicht mehr benötigt und deshalb auch nicht mehr geübt werden.

Das Einzigartige an unserem Gehirn ist seine Formbarkeit. Anders als ein durchschnittlicher Computer kann es mit jedem einzelnen Gedanken die Ebenen der Verknüpfung wechseln und ganz neue Muster bilden. Dabei lernt das Gehirn nicht nur passiv, sondern forscht auch selbstständig. In der Fülle der Informationen sucht es ständig nach Bekanntem oder Gesetzmäßigkeiten. Es ist eine »Regelextraktions-Maschine«, wie das der Ulmer Psychiater Manfred Spitzer nennt: »Unser Gehirn kann gar nicht anders und tut nichts lieber.«

Sehr häufiges Wiederholen, vor allem, wenn es mit Bewegungen verbunden wird, führt zur Automatisierung: Dann wandern die »gelernten« Nervennetze aus dem bewussten Teil des Gedächtnisses ins Unbewusste ab. Deshalb vergisst man zum Beispiel Schwimmen oder Radfahren nicht, obwohl man kaum beschreiben kann, was dabei vor sich geht.

Während man sehr häufig Wiederholtes automatisiert und dadurch besonders leicht wiedergeben kann, schwächen sich gleichförmig wiederholende (»habituierte«) Reize leicht ab: Deshalb nehmen Sie den Zug, der hinter Ihrem Haus vorbeifährt, nach einiger Zeit nicht mehr bewusst wahr. Ihre Neuronen haben sich auf diesen Reiz eingestellt, ihn »gelernt« und vermindern nun ihre Aufmerksamkeit.

Darum ist es beim Lernen hilfreich, wenn Kinder immer neue Beispiele für eine Regel bekommen. Das Gehirn erkennt von sich aus die dem Vorgang zugrunde liegenden Muster und speichert sie erneut ab. Das verstärkt die betreffenden Netzwerke und erleichtert das Behalten: Abwechslung hält das Gehirn wach.

Wenn eine Aufgabe nicht routinemäßig erledigt werden kann, wird der Stirnlappen aktiv und alarmiert weitere Hirnregionen. »Wenn wir etwas beherrschen, klammert das Gehirn selbstständig Regionen aus und verlagert seine Aktivität auf diejenigen Nervenzellen, die das Geforderte am besten können«, so Henning Scheich, Lernforscher am Leibniz-Institut für Neurobiologie in Magdeburg. »Das könnte der Grund für unser subjektives Empfinden sein, dass wir uns dann weniger anstrengen müssen.«

Konzentrieren heißt fokussieren

Was hat das jetzt alles mit Konzentration zu tun?

Wenn Olli zum Beispiel Englisch lernen will, muss er neuronale Wissensnetze in seinem Kopf aufbauen. Dazu ist zuallererst notwendig, dass er seinen Banknachbarn, mit dem er eben noch geschwätzt hat, vergisst und seine ganze Aufmerksamkeit auf die Tafel richtet – wie einen Scheinwerfer, der auf einer dunklen Bühne nur den Zauberer beleuchtet.

Der Fokus muss stimmen: Wer sich auf das Falsche konzentriert, kann dabei Wesentliches übersehen. Bei einem berühmten Experiment der amerikanischen Harvard-Universität wurde Versuchspersonen ein Film über zwei Studententeams bei einem Ballspiel gezeigt. Sie sollten zählen, wie oft der Ball zwischen der Mannschaft mit den weißen Trikots hin- und herwechselte. Zwar kamen die Probanden nicht immer zum selben Ergebnis, aber das war nicht das Entscheidende: Alle hatten übersehen, dass während des Spiels ein Mann in einem Gorillakostüm quer durch das Bild lief, kurz stehen blieb, in die Kamera blickte, sich auf die Brust trommelte und verschwand. Beim zweiten Betrachten des Films, als die Versuchsteilnehmer bereits wussten, worauf sie achten mussten, konnten sie sich gar nicht mehr vorstellen, wie der Affe ihrer Aufmerksamkeit entgehen konnte.

Doch was wir sehen, wahrnehmen und erkennen, ist immer nur ein Ausschnitt aus einem Ganzen. In den 90er-Jahren wiesen Experimente zum Beispiel nach, dass ganz unterschiedliche Hirnregionen aktiviert werden, je nachdem, ob Zuschauer bei einem Film mehr auf die Bewegungen oder mehr auf die Farben achten. »Wir fixieren unsere Wahrnehmung«, erklärt das der Biophysiker Christoph von der Malsburg, der sich am »Frankfurt Institute for Advanced Studies« unter anderem mit künstlichem Sehen beschäftigt. »Wenn drei Menschen nacheinander in ein Zimmer kommen, wird jeder davon ganz andere Dinge beschreiben: der eine den Menschen, der dort arbeitet, ein anderer die Möbel, der Dritte Licht und Luft.«

Dass das Gehirn beim Erkennen ständig Muster vervollständigt und aktiv nach Vorlagen in seinen Speichern sucht, macht es übrigens so schwierig, das Sehen zu automatisieren. Wenn Gesichter für eine Sicherheitskontrolle maschinenlesbar gemacht werden, bringen schon geringste Abweichungen von der Norm, eine Grimasse oder eine andere Frisur, die Geräte durcheinander. Denn Computer wollen eine objektive Datenlage, kein subjektives Sehen. Inzwischen arbeiten die Techniker mit modernster Software, die dem Rechner beibringen soll, aus Bildern assoziativ zu lernen wie ein Mensch.

Weil unser Gehirn kein Computer ist, sondern ein flexibles Netzwerk, gibt es dort auch keine unterschiedlichen Orte für Informationsverarbeitung und Speicherung. »Wir können nicht klar trennen«, sagt der Magdeburger Lernforscher Henning Scheich, »was gerade neu wahrgenommen wird und wo ein Rückgriff auf bereits Erfahrenes stattfindet. Die Prozesse von Aufmerksamkeit, Lernen und Motivation greifen alle ineinander.«

Deshalb gibt es auch keinen bestimmten Ort im Gehirn, an dem Aufmerksamkeit lokalisiert wäre. Sie beruht auf einem weiträumigen neuronalen Netzwerk. Es verbindet Teile des Gehirns, die hierarchisch oder über Rückkopplungen miteinander verbunden sind und auf diese Weise arbeitsteilig zusammenwirken (siehe Grafik S. 17).

Nur einzelne Funktionen lassen sich bestimmten Hirnregionen zuordnen.

Sämtliche Lernvorgänge werden von Aufmerksamkeitsprozessen begleitet. Diese beeinflussen individuelle Zellen genauso wie die Arbeit größerer Hirnareale. Je plastischer, also formbarer diese Bereiche sind, desto stärker werden sie in den Prozess des Lernens einbezogen und unterstützen auch selbst weiteres Verstehen und Begreifen.

Wie funktioniert das?

Die Kommunikation im Kopf läuft über Botenstoffe. Diese »wecken« die Bereitschaft der für das Lernen nötigen Hirnareale, schärfen die Wahrnehmung und organisieren die Zusammenarbeit der neuronalen Netzwerke, die für die Weiterleitung der Signale zuständig sind. Fünf wichtige Botenstoffe werden von unterschiedlichen Kernen im Hirnstamm produziert. Sie lösen im Gehirn das aus, was für Aufmerksamkeit und Konzentration notwendig ist:

- Die allgemeine Aufmerksamkeit, auch als »Vigilanz« bezeichnet, wird vom *Noradrenalin* angekurbelt. Dieser Botenstoff funktioniert wie eine Art Glocke: Er wird vom *»Blauen Kern«* ausgeschüttet, einem winzigen Areal, das nur einige tausend Nervenzellen umfasst, aber mit großen Teilen des gesamten Großhirns vernetzt ist. Auf diese Weise »weckt« er das gesamte Gehirn. *Noradrenalin* aktiviert sämtliche Bewusstseinsprozesse. Es lässt den Blutdruck steigen und erhöht den Puls, macht wach und schärft die Wahrnehmung.
  Der *»Blaue Kern«* ist übrigens nur eines von mehreren inselförmigen Nervenzentren, die gemeinsam das **retikuläre Aufmerksamkeitssystem (RAS)** bilden. Dort, in den sogenannten Raphe-Kernen, wird unter anderem auch der Botenstoff *Serotonin* produziert, der den Energiehaushalt kontrolliert und Übererregung dämpft. Als Kernverbund hat RAS mit vielen Millionen Nervenzellen im gesamten Großhirn Kontakt.
- Die selektive Aufmerksamkeit, bei der die Wachheit dann auf ein ganz bestimmtes Thema fokussiert wird, entsteht über kompliziertere Prozesse, die noch nicht alle von der Hirnforschung verstanden werden. Vermutlich aktivieren die Botenstoffe *Acetylcholin* – für die Übertragung von Sinneseindrücken wichtig – und *Dopamin*, das immer wieder als eines der »Glückshormone« bezeichnet wird, Nervenzellen im Inneren des Gehirns, im Hippokampus. Der ist Teil des limbischen Systems, das für die Verarbeitung von Gefühlen und Trieben zuständig ist. Es schüttet auch *Endorphine*, körpereigene Morphine, aus.

Wenn wir, während wir uns konzentrieren, »etwas im Auge behalten müssen« (wie im Experiment mit den Ballspielern und dem Gorilla), werden im Hippokampus vor allem die Areale der Sehverarbeitung aktiviert. Wenn wir gespannt zuhören, um eine Geschichte später weitererzählen zu können, sind es vor allem die Bereiche des Hörens und der bildhaften Fantasie, die angeregt werden.

Sie finden das verwirrend? Wichtig ist als Fazit: Es gibt keine eigenen Hirnregionen, die für Aufmerksamkeit zuständig sind, höchstens solche, die sie »anstoßen« und Aktivitäten in Gang bringen. Deshalb, und das ist entscheidend, müssen wir uns immer wieder gezielt anstrengen, um den »Lichtkegel« unserer Gedanken auf ein bestimmtes Ziel zu richten.

Die Evolution hat das so eingerichtet, damit wir trotz der begrenzten Kapazität unserer Informationsverarbeitung möglichst viele Probleme bearbeiten können – zu dem Preis, dass wir zur Erledigung einzelner Aufgaben unsere Aufmerksamkeit von anderen Dingen abwenden müssen. Man kann sich nicht gleichzeitig auf zwei Menschen im Gespräch konzentrieren. Man kann höchstens rasch zwischen den beiden hin- und herwechseln.

Das verdeutlicht auch, dass unsere Ressourcen beim Denken begrenzt sind. Wenn Kinder bei Hausaufgaben abgelenkt werden, zum Beispiel durch spielende Geschwister, fehlt ihnen deshalb diese Energie bei der Konzentration auf ihre eigene Arbeit.

Warum aber lernt man »leichter«, wenn man etwas gerne tut? Welche Rolle spielen Gefühle, welche die Motivation bei der Konzentration?

Mit Lust lernen heißt verinnerlichen

Ob wir etwas gerne tun oder aus tiefster Seele ablehnen, hat entscheidenden Einfluss auf die Kraft, die wir aufwenden müssen, um etwas zu verstehen. »Lernen funktioniert am besten bei guter Laune«, bestätigt der Ulmer Psychiater Manfred Spitzer in seinem Buch ›Gehirnforschung und Schule des Lebens‹.

Spiel und Spaß können deshalb zu guten Noten verhelfen. In einem Experiment sollte eine deutsche Grundschulklasse komplizierte Rechenaufgaben lösen. Nach einer halben Stunde durfte eine Hälfte ins Nebenzimmer zum Toben, während die andere weiterknobeln musste. Dreißig Minuten später kam die erste Gruppe gut gelaunt und entspannt zurück und löste, trotz des Zeitverlustes, mit Vorsprung die geforderten Aufgaben.

In einer anderen Studie sahen sich Erstklässler eine Diashow mit Lehrstoff an, ein Teil davon sachlich aufbereitet, der andere mit viel Ulk. Nach einem Monat wurden nur noch diejenigen Inhalte erinnert, die »komisch« verpackt waren.

Humor basiert auf Gefühlen wie Freude oder Schadenfreude. Unsere Emotionen sind größtenteils im Mandelkern verankert, der Amygdala. Sie ist ein Teil des limbischen Systems, das unterhalb der Großhirnrinde liegt (siehe Abbildung S. 33). Manche Reize unserer Wahrnehmung bekommt sie früher zugespielt als die Großhirnrinde, die unser Bewusstsein repräsentiert. Deshalb empfinden wir mitunter spontanes Wohlgefühl oder Widerwillen, ohne dass wir uns das gleich erklären können.

Die Amygdala wird von der Großhirnrinde kontrolliert – durch einen mächtigen Strang von Nervenfasern. Es dauert jedoch mehrere Jahre, bis diese Verbindung so weit gereift ist, dass ein Kind eigene Gefühle mit der Umwelt in Verbindung bringen und gezielt äußern kann. Auch die Empathie, das Mitgefühl für andere, erwacht deshalb erst spät. Mit etwa sechs Jahren sind Kinder dann so weit, dass sie ihre eigenen Gefühlsausbrüche kontrollieren können.

Das hilft nicht nur dabei, Ablenkungen auszuschalten, sondern auch, Unlust beim Lernen zu überwinden. Kinder mit Aufmerksamkeitsstörungen haben dagegen oft ein Problem damit, ihre Impulse zu beherrschen. Gemeinsam mit dem Hippokampus ist die Amygdala ein strategisch wichtiger Ort, wenn es um Aufmerksamkeit und Lernen geht. Es ist deshalb nicht nur wichtig, dass Lernen und Arbeiten in entspannter Atmosphäre stattfinden, sondern auch, dass Kinder von klein auf lernen, ihre Impulsivität in den Griff zu bekommen.

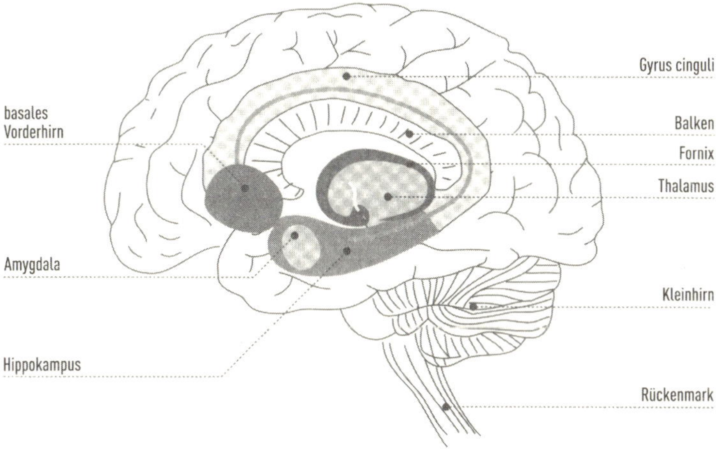

Das limbische System

Der Botenstoff positiver Gefühle ist das Dopamin. Diese faszinierende Substanz, die nur aus einer einzigen Aminosäure (Tyrosin) hergestellt wird, entscheidet darüber, ob ein Reiz als interessant bewertet und wahrgenommen wird. Daneben hat sie noch eine Vielzahl weiterer Funktionen: Sie steigert die Neugierde und weckt die Fantasie, stärkt Selbstvertrauen und Optimismus, motiviert und macht Lust, beim Lernen wie beim Sex. Außerdem aktiviert sie das motorische System des Körpers. Sie sorgt dafür, dass wir »leichter« lernen.

Dopamin spielt bei allen Prozessen der Erwartung und des Belohnens eine entscheidende Rolle. Befriedigung ist ein wichtiger Anreiz zu lernen: Tiere zum Beispiel merken sich Stellen, an denen sie Futter finden, besonders gut. Bei Menschen hat sich dieses Erfolgsgefühl zum Teil in das Gehirn verlagert: Etwas zu verstehen, auch wenn dem keine Handlung folgt, kann Wohlgefühl, Freude, ja sogar Euphorie auslösen.

Das passiert vor allem, wenn wir unsere eigenen Erwartungen übertreffen. Dann nämlich aktiviert Dopamin den sogenannten Nucleus accumbens, einen winzigen Kern im vorderen Teil des Gehirns. Er sendet Botschaften an den Stirnlappen, und daraufhin werden dort körpereigene Opioide ausgeschüttet. Diese Endorphine sind mit Morphium und Opium verwandt und haben sich während der Evolution herausgebildet, um bei großen Anstrengungen Schmerzbahnen, die von der Haut in das Rückenmark führen, zu blockieren. Wer in grauer Vorzeit kämpfen oder davonlaufen musste, sollte nicht durch ein Leiden daran gehindert werden.

Endorphine spielen aber auch eine große Rolle bei euphorischen Gefühlszuständen: Wenn ein Handstand plötzlich perfekt klappt, ein Referat besonders gelobt wird oder die Schulaufgabe nun doch nicht mit 5 bewertet wurde – solche überraschenden Signale jenseits jeder Erwartung werden im Gehirn besonders gut abgespeichert und lange erinnert.

Der ungarisch-amerikanische Psychologe Mihaly Csikszentmihalyi hat diesen Zustand »Flow« getauft. Ein solches Gefühl des Fließens und Strömens setzt ein, wenn Menschen konzentriert, im Einklang mit sich selbst und in Harmonie mit anderen und der Umwelt erfolgreich Aufgaben bewältigen.

Das gute Gefühl, das erfolgreiches Lernen auslösen kann, wird im Gehirn abgespeichert: Es merkt sich den »Kick«, das Wissen, wofür es belohnt wurde, und den Zusammenhang, und es will den Erfolg wiederholen. Menschen sind dann bereit, große Anstrengungen auf sich zu nehmen, damit sich das unbeschreiblich gute Gefühl am Ende wieder einstellt. Wie sonst ließe es sich erklären, dass Menschen unter größten Mühen immer wieder neue Rekorde erzielen, die höchsten Berge der Welt erklimmen oder besser sein wollen als andere?

Henning Scheich hat am Leibniz-Institut für Neurobiologie in Magdeburg diese Glücks-Chemie bei Wüstenmäusen nachgewiesen. Seine Probanden sollten lernen, sich durch einen Sprung auf die andere Seite einer Versuchsbox zu retten, wenn ein Signalton leichte Stromstöße ankündigte. Schon nach wenigen Malen lernten die Nager, rechtzeitig beim Erklingen zu springen. Mit einer winzigen Sonde ließ sich dabei nachweisen, dass in der Phase, in der die Maus ihre Strategie ausarbeitet, verstärkt der Botenstoff Dopamin ausgeschüttet wird.

»Dopamin treibt uns an, Dinge zu tun, die uns Glücksgefühle verschaffen«, sagt Hirnforscher Michael Koch von der Universität Bremen. »Das Gehirn belohnt sich selbst«, ergänzt Scheich. »Es bringt sich in gute Stimmung, wenn es etwas gelöst hat, und speichert es auch noch ab.« Dopamin spielt nämlich eine entscheidende Rolle beim Übertragen von Informationen aus dem Kurzzeit- ins Langzeitgedächtnis.

Der Dopaminausstoß und damit die Aufmerksamkeit sinken dagegen, wenn das Lernen zu leicht gemacht oder die gefundene Strategie ständig torpediert wird. Auch das zeigte der Mäuseversuch: Die Tiere wurden dann erst aggressiv und später lethargisch. Sie hatten am Ende einfach keine Lust mehr zu lernen.

Ein kühler Kopf allein ist also nicht dazu geeignet, Neues aufzunehmen. Wer dagegen hoch motiviert ist, Vorfreude oder positive Erwartungen hat, dessen Gehirn wird durch das körpereigene Belohnungssystem weit stärker aktiviert, als man das durch äußere Anreize wie Schokolade oder Taschengeld jemals hätte erreichen können. Dieser Prozess macht auch Lust auf immer Neues, denn die Herausforderungen müssen zunehmen, um das körpereigene Belohnungssystem in Schwung zu halten. Wird Erfolg zur Routine, funktioniert die Ausschüttung der Glückssubstanzen nicht mehr.

Das zeigt auch, wie wichtig es ist, den Lernstoff genau zu dosieren. Denn nur die richtige Mischung von Anspannung, Herausforderung und Bewältigung führt zu Erfolgserlebnissen. Eine zu einfache Aufgabe wirkt sich auf das Gehirn genauso negativ aus wie eine zu schwere: Die Aufmerksamkeit bricht zusammen, das Arbeitsgedächtnis funktioniert nicht mehr richtig.

Auch negative Gefühle wie Angst und Stress blockieren jegliches Denken: »Für das Gehirn gibt es einen optimalen Arbeitszustand«, erklärt Wolf Singer vom Frankfurter Max-Planck-Institut für Hirnforschung. »Wenn Sie zu viel Aufregung haben, wenn Sie gewissermaßen zu viel Kaffee getrunken haben, dann sinkt die Konzentrationsfähigkeit. Dann kann man nicht mehr über längere Strecken hinweg kohärent Zusammenhänge entstehen lassen.«

Das sind dann die typischen Prüfungssituationen, in denen der Kopf plötzlich leer und alles Gelernte verschwunden scheint. Ist das Selbstvertrauen erst einmal ruiniert, führt ein Kreislauf von Unsicherheit, Nervosität und Panik dazu, dass auch der letzte Rest an Konzentrationsfähigkeit flöten geht.

In Stresssituationen wird über ein kompliziertes Wechselspiel unter anderem Kortisol freigesetzt, ein Glukokortikoid. Seine Aufgabe besteht darin, den Zuckergehalt im Blut zu erhöhen, damit den Muskeln genug Energie zur Verfügung steht. Denn die ursprüngliche biologische Funktion einer Stressreaktion bestand darin, den Körper für einen Kampf oder die Flucht bereit zu machen.

Dauerstress führt langfristig zu einer Schädigung der Nervenzellen im Hippokampus, während eine leichte Erregung sogar leistungssteigernd wirken kann. Denn in Verbindung mit anderen Glukokortikoiden stärkt Kortisol die Fähigkeit von Nervenzellen, Informationen zu speichern. Erst in höherer Konzentration bewirkt diese Substanz, dass Nervenzellen ihre Arbeit reduzieren oder sogar komplett einstellen. Ein wenig Aufregung vor der Prüfung kann sogar hilfreich sein. Wer aber bis zum letzten Moment »gebüffelt« hat oder verzweifelt ist, weil er glaubt, die Aufgaben nicht schaffen zu können, der scheitert leichter.

Auch hier geht es also darum, das Gehirn dem richtigen Maß an Anspannung und Entspannung auszusetzen, um seine volle Kapazität freizusetzen. Eine Belastungssituation kann nach dem ersten Schreck auch zu einer Herausforderung werden. Dass Kinder auf eine Prüfungssituation im ersten Moment mit Herzklopfen und schweißnassen Händen reagieren, ist normal. Sie müssen aber lernen, im zweiten Anlauf ihre Panik zu kontrollieren und die Nerven zu behalten. Auch das ist eine wichtige Voraussetzung für Konzentration.

Fassen wir also zusammen:

- Am Anfang eines Denkprozesses steht eine allgemeine Aufmerksamkeit als Zustand eines erweiterten Bewusstseins.
- Vor diesem Hintergrund wird Interessantes vom Gehirn erkannt, Störendes unterdrückt. Das geschieht einerseits über eine Filterung und Reduzierung der zahlreichen Nervenreize, aber auch über eine hierarchische Beurteilung dessen, was die Weiterverarbeitung zu lohnen scheint.
- Gefühle spielen in diesem Prozess der Bewertung eine wichtige Rolle. Positive Emotionen fördern die Verarbeitung von Reizen, negative blockieren sie.
- Ein wichtiger Teil der Konzentration ist die Fähigkeit, die eigene Impulsivität zu unterdrücken und emotionale Widerstände zu überwinden (siehe »Fehlende Motivation«).
- Die Aufmerksamkeit hat keinen bestimmten Ort im Gehirn, sondern organisiert sich in wechselnden Netzwerken. Konzentration bedeutet dann die Bündelung der gesamten seelischen und intellektuellen Kräfte auf einen Punkt. Die volle Komplexität der Wahrnehmungen, Erinnerungen und Gefühle muss so organisiert werden, dass eine einzige Aufgabe im Mittelpunkt steht, wie ein Artist im Lichtkegel eines Scheinwerfers. Alles darum herum

verschwindet wie die Gegenstände auf einer Bühne im Schatten. Es wird vorübergehend ausgeblendet, bleibt aber im Hintergrund verfügbar.

- Erst die Konzentration ermöglicht, dass Inhalte vom Gehirn verarbeitet und über mehrere Filter ins Langzeitgedächtnis übermittelt werden.
- Erfolgserlebnisse führen zu Belohnungen: Die Ausschüttung von euphorisierenden Botenstoffen weckt den »Kapiertrieb« von Kindern.
- Wichtig ist das richtige Maß der Anforderungen: Zu leichte Aufgaben lassen das Aufmerksamkeitssystem im Kopf genauso zusammenbrechen wie zu schwere.

Was ist eine Aufmerksamkeitsstörung?

Manche Kinder sind dermaßen unkonzentriert, dass dies zu massiven Problemen führt. In der Schule sind sie auffallend unruhig, sie können nicht still sitzen, zappeln herum und stören häufig den Unterricht. Oft lesen und schreiben sie schlecht, weil sie die Worte nur oberflächlich wahrnehmen und ihre Feinmotorik gestört ist. Ihre Blicke schweifen umher und sie hören nicht zu. Ihre Emotionen schwanken zwischen Desinteresse und Leidenschaft.

Solche Kinder fühlen sich von Lehrern wie Eltern ungerecht behandelt. Warum nur werden sie ständig ermahnt und kritisiert? Nichts scheint ihnen zu gelingen. Dabei sind es oft intelligente Kinder, die sich an keine Anweisung halten und ununterbrochen Grenzen verletzen. Zu Hause benötigen sie für die einfachsten Hausaufgaben dreimal so viel Zeit wie vorgesehen und erledigen sie überhaupt nur dann, wenn die Mutter neben ihnen sitzen bleibt. Sonst hätten sie das Heft schon längst in die Ecke geworfen.

ADS (das Aufmerksamkeitsdefizit-Syndrom) oder auch ADHS (das Aufmerksamkeitsdefizit-Hyperaktivitäts-Syndrom) sind die zwei Kürzel für dieses Symptombild. Schätzungsweise zwei bis fünf Prozent aller Schulkinder sind davon betroffen, Jungen dreimal so häufig wie Mädchen. Während die »Zappelphilippe« durch ihre motorische Unruhe auffallen, sind Mädchen oft auffallend still und in sich gekehrt. Aber auch sie können sich nicht konzentrieren und sind leicht abzulenken.

Bis ADS vom Kinderarzt, Psychologen oder Psychiater diagnostiziert wird, dauert es oft Jahre. Denn es ist nicht leicht festzustellen, ob ein Kind nur besonders lebhaft oder schon hyperaktiv ist. Oft bewerten verschiedene Personen ein und dasselbe Kind völlig unterschiedlich. Eltern zum Beispiel schätzen die Impulsivität ihres Kindes oft ganz anders ein als die Lehrer. Auch die Diagnose anhand eines Fragenkatalogs ist »alles andere als eindeutig«, so der Kölner Psychologe Manfred Döpfner. »ADS ist keine Krankheit wie Masern, die man entweder hat oder nicht. Es ist ein fließender Übergang.« Deshalb liegen Millionen Kinder, betont der Familienpsychologe Wolfgang Bergmann, im Grenzbereich zu ADS und bleiben dort, wenn ihnen nicht geholfen wird.

Ein Verdacht auf ADS verstärkt sich, wenn die auffälligen Verhaltensmerkmale vor dem siebten Geburtstag auftreten und nicht nur in der Schule, sondern auch im Familienalltag ernsthafte Probleme verursachen. Drei von vier Kindern weisen außerdem weitere Störungen auf, sie sind besonders jähzornig oder haben vielleicht eine Lese- oder Rechenschwäche.

In mehreren Hirnregionen lassen sich bei ADHS-Kindern Auffälligkeiten feststellen: Stirnhirn und Kleinhirn wie auch Scheitel- und Schläfenlappen, so Aribert Rothenberger, Professor für Kinder- und Jugendpsychiatrie an der Universität Göttingen, sind verkleinert. Verschiedene Hirnareale, die für Gefühle, Kontrolle und Bewegungssteuerung zuständig sind, sind mangelhaft miteinander vernetzt. Laut Bernhard Blanz von der Klinik für Kinder- und Jugendpsychiatrie an der Universität Jena gibt es starke Hinweise dafür, dass einige Teile des Gehirns mit Dopamin unter-, andere überversorgt sind.

Auch wenn heute viel über ADS gesprochen wird – die Krankheit tritt, wie epidemiologische Langzeitstudien belegen, nicht häufiger auf als früher. Sie wird durch Erbfaktoren begünstigt, wie Anita Thapar von der Universität Cardiff und ihr Kollege Philip Aherson vom King's College London anhand einer Auswertung der bestehenden Studien feststellten. In 50 bis 80 Prozent der Fälle hält man genetische Faktoren für den Auslöser, doch nur fünf Prozent lassen sich bisher genauer zuordnen. Denn längst nicht alle Kinder mit abweichenden Genvarianten werden verhaltensauffällig.

Im Verdacht stehen schadhafte Gene für die Herstellung von Proteinen, welche den Kreislauf des Botenstoffs Dopamin an der Kontaktstelle zwischen zwei Nervenzellen regeln sollten, dabei aber Fehler machen. Dopamin wird dann zu schnell entzogen oder aber nicht richtig verarbeitet. Diese organischen Befunde sprechen dafür, dass der gestörte Botenstoffhaushalt für die auffälligen Verhaltensänderungen verantwortlich ist – und nicht erst eine Folge davon ist. Manchmal nähert sich das Gehirn im Laufe des Jugendalters dem »Normalzustand« an – die Krankheit wächst sich dann aus.

»ADS besitzt also eine klare neurobiologische Grundlage«, schreibt Psychiater Rothenberger in ›Gehirn & Geist‹. »Dabei sind neben verschiedenen neuronalen Netzwerken für Aufmerksamkeit, Motorik und Impulskontrolle wohl auch tiefer liegende Strukturen zur Regulation der bewussten Wachheit – des sogenannten Arousals – beteiligt.«

ADS-Kinder sind oft langsamer beim Erkennen von Zusammenhängen, reagieren aber schneller – und meist voreilig. Ihre Informationsverarbeitung im Gehirn gerät gerade dann durcheinander, wenn sie plötzlich sehr viele Anforderungen bewältigen soll. Der Anspruch an Tempo, Gründlichkeit und Ausdauer überfordert sie. Gleichzeitig langweilt sie mangelnde Stimulation sofort. Solche Kinder haben vor allem Probleme, einen Handlungsimpuls zu stoppen oder ihre Arbeitsgeschwindigkeit zu regulieren. »Es fehlt also nicht unbedingt an Aufmerksamkeit«, so Rothenberger, »sie wird eher zu schnell verbraucht.«

Solche Kinder handeln, bevor sie nachdenken. Planungsvermögen, Leistungen des Arbeitsgedächtnisses, allgemeine und selektive Aufmerksamkeit sowie kognitive Flexibilität sind oft nur mangelhaft ausgeprägt. Anatomisch gesehen beruhen diese Fähigkeiten vor allem auf neuronalen Netzwerken des »präfrontalen Cortex« im Stirnhirn – dem sogenannten vorderen Aufmerksamkeitssystem. Zusammen mit dem hinteren Aufmerksamkeitssystem, das sich vorwiegend im Scheitellappen befindet, überwacht und steuert es unser Verhalten.

Frustrationen sind für ADS-Kinder nur schwer auszuhalten. Sie sind leicht erregbar, ungeduldig, aggressiv und haben große Schwierigkeiten, sich zu etwas zu motivieren. Hirnforscher erklären das mit einem Dopaminmangel: Belohnungen, sagen sie, sollten deshalb möglichst unmittelbar erfolgen.

Das »Zappeln« hat seinen Ursprung in den Regelungssystemen der Hirnrinde und den Basalganglien, einer daruntergelegenen Kernregion. Die Kommunikation zwischen diesen Arealen ist gestört, was dazu führt, dass die Kinder Schwierigkeiten damit haben, Bewegungen vorzubereiten, auszuwählen und auszuführen – oder auch zu hemmen. Oft haben sie Probleme mit der feinmotorischen Koordination und eine miserable Handschrift.

Genetische Faktoren spielen bei mindestens der Hälfte der Fälle eine Rolle. Aber durch welche Einflussfaktoren diese Anlage dann zum Entstehen des Syndroms führt, bleibt in vielen Fällen ein Rätsel. Warum zum Beispiel tritt ADS bei

Trennungs- oder Scheidungskindern bis zu fünfmal häufiger auf als in der Normalbevölkerung? Das bedeute noch lange nicht, dass familiäre Konflikte die Ursache der Symptome seien, betont Myriam Menter vom Bundesverband Aufmerksamkeitsstörung/Hyperaktivität e. V.: »Falsche Erziehung ist nicht die Ursache der Aufmerksamkeitsstörung.« ADS-Kinder, vermutet sie, reagieren vermutlich nur sensibler auf belastende Situationen als andere.

Doch die Rahmenbedingungen spielen sehr wohl eine Rolle. Risikofaktoren sind zum Beispiel ein Alkohol- oder Nikotinkonsum der Mutter während der Schwangerschaft, extreme Frühgeburt oder niedriges Geburtsgewicht, Gehirnerkrankungen, Nahrungsmittelallergien oder Vernachlässigung des Kindes. Gleichzeitig neigen Mütter mit eigener genetischer Disposition zu ADS eher dazu, während der Schwangerschaft zu rauchen und Alkohol zu trinken. Sie haben auch oft Schwierigkeiten damit, klare Regeln in ihrer Erziehung aufzustellen und durchzusetzen. »Auf diese Weise verstärken sich Risikofaktoren«, so Rothenberger. Kommen dann noch eine Krise in der Familie oder schwierige Umstände in der Schule hinzu, kann die Krankheit sich manifestieren.

Trotz dieser neurobiologischen Erkenntnisse streiten sich die Experten, ob ADS mit Medikamenten behandelt werden sollte oder nicht. In Deutschland erhalten immerhin 73 Prozent der Kinder aufgrund der Diagnose Tabletten. In Österreich liegt der Anteil nur bei 36 Prozent. »Medikamente sind leichter zu verschreiben als eine zeitaufwändige und teure Therapie«, kritisiert der Kölner ADS-Experte Manfred Döpfner. Doch viele Kinder, räumt er ein, seien für eine weitere Therapie erst offen, nachdem sie durch ein Medikament halbwegs ins Gleichgewicht gebracht worden wären. Das Präparat »Ritalin« zum Beispiel zeigt bei überimpulsiven Kindern immerhin in 70 bis 90 Prozent der Fälle Wirkung.

Das Arzneimittel enthält den Wirkstoff Methylphenidat,

ein Amphetamin. Wie die Substanz Atomoxetin, eine Art Antidepressivum, in dem Medikament »Strattera« verhindert die Substanz, dass Dopamin von den Nervenzellen wieder aufgenommen und damit neutralisiert wird. Es bleibt länger wirksam und dämpft so die Unruhe.

»Der Nachteil der Stimulanzien ist«, sagt der Psychologe Manfred Döpfner von der Uniklinik Köln, »dass sie nur die Symptome bekämpfen. Sie verändern also nichts an den organischen Ursachen im Gehirn und wirken daher auch immer nur einige Stunden lang.« Deshalb erstrecke sich eine Behandlung in der Regel über mehrere Jahre. »Oft kann man zwar im Laufe der Pubertät das Medikament absetzen, aber mindestens zwanzig Prozent der Betroffenen sind auch als Erwachsene noch deutlich beeinträchtigt.«

Dennoch setzt sich Döpfner für die medikamentöse Behandlung des ADHS-Syndroms ein, denn bei mindestens einem Drittel der Kinder, ergab eine Studie seines Instituts, reiche eine psychologische Therapie nicht aus: »Heute erhalten knapp eineinhalb Prozent der Acht- bis Neunjährigen Methylphenidat, also etwa so viele, wie es auch ADHS-Fälle in starker Ausprägung geben dürfte.« Generell werde empfohlen, nur bei starken Symptomen sofort medikamentös zu behandeln. Eine große amerikanische Studie zeigte, dass sich bei richtiger Medikation und gleichzeitiger Beratung der Eltern die Kinder nicht mehr von ihren Klassenkameraden unterschieden. In leichteren Fällen scheint auch schon eine Verhaltenstherapie Erfolg zu haben.

Gute Ergebnisse erzielen auch Neurofeedback-Verfahren: Ende der 60er-Jahre machte Barry Sterman, damals Schlafforscher an der University of California in Los Angeles, bei Hirnstrommessungen an Katzen eine interessante Entdeckung: Er beobachtete ein bis dahin unbekanntes Hirnstrommuster mit Frequenzen zwischen 12 und 15 Hertz und nannte es Sensomotorischer Rhythmus (SMR). Der trat immer dann auf, wenn die Katzen entspannt, aber wach waren.

Sterman trainierte seine Tiere mithilfe von Futter darauf, diese Hirnwellen verstärkt zu produzieren, und konnte so den Nachweis führen, dass man die elektrischen Potenziale im Kopf bewusst aktivieren kann. Anfang der 70er-Jahre fand Sterman durch Zufall heraus, dass seine SMR-trainierten Katzen weniger zu Epilepsie neigten als andere Tiere, vermutlich weil sie ein Zentrum der Übererregtheit im Gehirn dämpfen konnten.

Das Institut für Medizinische Psychologie an der Universität Tübingen wendet diesen Effekt nun an, um ADHS-Kindern beizubringen, ihre Symptome zu lindern. Dazu müssen sie sich, den Kopf mit Elektroden verpflastert, vor einen Computerbildschirm setzen und je nach Kommando versuchen, ihr Gehirn in Erregung zu versetzen oder zu verlangsamen – zum Beispiel, wenn ein Pfeil auf dem Schirm sich nach oben oder nach unten bewegt.

Die Forscher in Tübingen arbeiten dabei nicht mit SMRs, sondern mit einem anderen Teil der Hirnströme – den sogenannten Slow Cortical Potentials (SCPs). Sie scheinen anzuzeigen, wie erregbar die Nervenzellen der Hirnrinde sind, und weisen bei vielen ADHS-Kindern Auffälligkeiten auf. Außerdem interessieren sie sich für eine Manipulation der Betawellen, hochfrequenten Hirnströmen mit mehr als 13 Hertz. Bei Zappelkindern sind sie nur schwach ausgeprägt, vor allem über dem präfrontalen Cortex der Hirnrinde. In 30 Stunden lernten die Tübinger Versuchskinder, mehr Betawellen zu produzieren – mit Erfolg.

Inzwischen gibt es in ganz Deutschland Therapeuten, die eine Neurofeedback-Therapie anbieten. In der Regel wird diese allerdings nicht von den Kassen bezahlt, wenn sie nicht Bestandteil einer Verhaltenstherapie ist.

Andere Behandlungsmethoden für ADHS sind Bioresonanzverfahren, eine wissenschaftlich umstrittene Methode, auf körpereigene Schwingungen einzuwirken, aber auch Reittherapie, Kinesiologie oder spezielle Diäten. Einige Kliniken haben sich auf ADHS-Kuren spezialisiert. (Informationen erhalten Sie bei den Selbsthilfegruppen, s. S. 110).

Manche Psychologen schwören auf eine Familientherapie. Eltern und Geschwister können viel tun, um den betroffenen Kindern Unterstützung zu geben. Diese brauchen in besonderer Weise feste Strukturen und Rituale. Wenn sie im Übermaß emotionalem Stress, aber auch eindringlichen Reizen durch ihre Umwelt (zum Beispiel Fernsehen oder Computer) ausgesetzt sind, verstärkt das ihre Symptome. Um in eine Familie Rhythmus und Ruhe zu bekommen, müssen jedoch alle Mitglieder beteiligt sein.

Was ist eine Lernbehinderung?

Hinter Konzentrationsstörungen können auch andere Fehlfunktionen des Gehirns stecken, die zu chronischen Misserfolgen in der Schule führen und dem Kind deshalb Stress bereiten. Nicht selten, so der Ulmer Psychologe Helmut Weyhreter, liegt mangelnder Aufmerksamkeit eine Lernstörung zugrunde.

Ein solches Leistungsdefizit im Denken ist oft entwicklungsbedingt und betrifft in der Regel nur einzelne Bereiche: Man nennt das Teilleistungsstörung. Dann tut sich ein Kind zum Beispiel schwer mit Rechnen, obwohl es gut liest und auch sonst aktiv am Unterricht beteiligt ist.

Bei der Abklärung der Frage, warum Ihr Kind sich nicht konzentrieren kann, könnten auch folgende Symptomenbilder eine Rolle spielen:

Dyskalkulie (Rechenschwäche)

Max, 9 Jahre, hat wieder einmal nicht genug Hände. Beim Rechnen muss er nämlich immer wieder zu den Fingern greifen, weil er es einfach nicht schafft, sich die Zahlen im Kopf vorzustellen. Aber was, wenn bei einer Aufgabe die

Ziffern größer als zehn sind? Das bringt Max regelmäßig zur Verzweiflung. Bei Textaufgaben kaut er so lange auf seinem Füller herum, bis er das leere Blatt abgeben muss. Seine Mutter wundert sich. Ihr Sohn ist doch sonst ein so aufgewecktes Kind? Warum begreift er die Zahlen einfach nicht?

Dreieinhalb Prozent der Kinder in Deutschland leiden nach Schätzungen unter Dyskalkulie. Diese Kinder haben ein mangelndes Verständnis für Zahlen und Mengen, obwohl sie sonst durchschnittlich intelligent sind. Beim Addieren und Subtrahieren, Multiplizieren und Dividieren versuchen sie oft, Zahlen und Formeln auswendig zu lernen. Doch bei der geringsten Abwandlung einer Aufgabe können sie mit der neuen Fragestellung nicht umgehen und sind wieder hilflos.

Manche Eltern erinnern sich dann, dass ihre Kinder schon früh Probleme hatten, zum Beispiel Bauklötzchen der Größe nach zu sortieren oder Längen abzuschätzen. In der Schule fallen sie meistens zwischen der dritten und fünften Klasse auf. Die Misserfolge im Unterricht führen zu Versagensängsten und körperlichen Beschwerden wie Appetit- oder Schlaflosigkeit. Die Nervosität und der Stress äußern sich auch in massiven Konzentrationsstörungen.

Dyskalkulie kann durch Tests diagnostiziert und mit gezielten Übungen deutlich gebessert werden.

Legasthenie (Lese- und Rechtschreibschwäche)

Bekannter als die Dyskalkulie ist die Lese- und Schreibschwäche, die Legasthenie. Vier bis acht Prozent der Schulkinder leiden an dieser Teilleistungsstörung, obwohl sie nicht selten überdurchschnittlich intelligent sind. Jungen, die in ihrem Sprachvermögen Mädchen generell unterlegen sind, sind viermal öfter betroffen.

Legasthenie kann sich sehr unterschiedlich äußern: Manche Kinder verstümmeln Wörter, andere vertauschen die Buchstaben, und beim Lesen fällt es vielen schwer, das Bild auf dem Papier in einen gesprochenen Klang zu verwandeln. Ihre Schwäche hindert sie auch daran, den Sinn von Aufgaben zu verstehen, und behindert schließlich das Lernen in allen Fächern. Aufgrund ihrer gestörten Wahrnehmung haben es Legasthenie-Kinder oft schwer, sich auf ihre Arbeit zu konzentrieren.

Die achtjährige Lisa zum Beispiel hat einfach Schwierigkeiten, sich den Buchstaben »d« zu merken. Immer wieder wird ein »b« daraus. Auch »p« und »g« enden nicht selten in waghalsigen Wortvarianten auf dem Papier. Mit Mühe hat sie die dritte Klasse erreicht und kämpft noch immer mit dem Füller. Nun hat die Klassleiterin die Initiative ergriffen und Lisas Eltern in die Sprechstunde gebeten. Ihr Vorschlag: Das Mädchen soll einen Test auf Lese- und Rechtschreibschwäche machen. Der Test beim Schulpsychologen bestätigt den Verdacht. Jetzt kann Lisa einen speziellen Förderkurs besuchen und hat vielleicht bald wieder mehr Freude am Unterricht, wenn sie ihm leichter folgen kann.

Neurologen sehen verschiedene Ursachen für die Lese- und Rechtschreibschwäche: Zum einen können viele der betroffenen Kinder ihre Augenbewegungen nicht präzise kontrollieren, wenn sie Wörter und Sätze erfassen sollen. Das Problem liegt jedoch nicht bei den Augenmuskeln, sondern bei der Verarbeitung der Sehreize im Gehirn. Bei anderen funktioniert die Hörverarbeitung von Lauten, Silben und Wörtern verlangsamt: Diese Kinder hören die Silben der Wörter nicht richtig, das wirkt sich negativ auf ihre Fähigkeit zu schreiben aus.

Auch für Legasthenie gibt es erfolgreiche Trainingsprogramme.

Störungen der Motorik

Um körperlich und geistig leistungsfähig zu sein, braucht jedes Kind ein funktionierendes Netz von Nervenverbindungen zwischen Gehirn, Rückenmark, Sinnesorganen und

Muskeln. Dieses Netz entsteht in den ersten Lebensjahren durch Bewegungen wie Greifen, Rollen, Krabbeln, Sitzen, Laufen, Balancieren – jede dieser Fähigkeiten schafft neue Verbindungen im Kopf, die auch für das Begreifen abstrakter Zusammenhänge wichtig werden. Denn das Gehirn benötigt alle diese sinnlichen Wahrnehmungen, um seine volle Leistung zu entfalten.

Im Gegensatz zu früheren Generationen bemühen Kinder heute jedoch viel seltener diejenigen Sinne, die mit Bewegen, Tasten und Fühlen zu tun haben. Deshalb können manche nicht mehr rückwärtsgehen, andere haben Schwierigkeiten, einer Kreislinie zu folgen oder auf einem Bein das Gleichgewicht zu halten. Augen und Ohren werden dagegen überdurchschnittlich oft beansprucht.

Vor allem die mangelnde Bewegung im Vor- und Grundschulalter führt während des Heranwachsens zu verschiedensten Entwicklungsstörungen, die auch die Funktionsfähigkeit des Gehirns beeinträchtigen. Solche Kinder sind nicht nur körperlich ungelenk, sondern auch im Denken und in ihrer Feinmotorik unbeweglich: Es fällt ihnen schwer, etwas zu Papier zu bringen. Sie krakeln nur, verlieren die Zeilenführung, ihre Hefte sind oft verschmiert und zerrissen. Das Gefühl des Misserfolgs verstärkt all diese Symptome.

Einige dieser Störungen kann man durch eine Art Gymnastik für den Kopf beheben, die als Grundlage die unterschiedlichen Bewegungsstadien der kindlichen Entwicklung hat. Dafür gibt es die verschiedensten Ansätze. Einer davon ist die »Neurofunktionelle Reorganisation« (NFR), die in den 50er-Jahren von der amerikanischen Krankenschwester Florence Scott entwickelt wurde. Nach dieser Methode ermittelt ein Therapeut zunächst, wie das Kind schläft, ob es Gleichgewichtsprobleme hat oder eine auffallende Neigung zu Unfällen. Dann folgt ein 20-minütiger Test, der das neurologische Entwicklungsstadium des Kindes ermittelt. Anschließend wird ein individuelles Übungsprogramm ausgearbeitet, welches das Kind täglich zu Hause in zehn bis fünfzehn Minuten absolviert. Besonders wichtig sind Bewegungen, die die wechselseitige Verknüpfung der beiden Hirnhälften verstärkt. Der Erfolg ist oft verblüffend.

Was tun?

In den folgenden Kapiteln erfahren Sie, wie Sie eine allgemeine Konzentrationsschwäche bei Ihrem Kind erkennen und was Sie selbst dagegen tun können.

Wenn Sie dagegen den Eindruck haben, dass Ihr Kind mit dem Lernen grundsätzliche Probleme hat und sich hinter der mangelnden Aufmerksamkeit vielleicht ADHS oder eine andere Lernschwäche verbirgt, sollten Sie zuallererst mit der Lehrkraft sprechen. Die Schule kann das Kind in einen Förderkurs aufnehmen oder aber, mit Ihrer Zustimmung als Eltern, einen Beratungslehrer oder Schulpsychologen um Hilfe bitten.

In vielen Städten gibt es sozialpädiatrische Zentren, in denen Experten auf verschiedenen Gebieten – Kinderärzte und Neurologen, Logopäden, Physio- und Ergotherapeuten sowie Sozialpädagogen und Psychologen – zusammenarbeiten. Das ermöglicht bei komplizierteren Fragestellungen eine sehr differenzierte Diagnostik. Sie wird von den Krankenkassen finanziert, wenn der Hausarzt eine Überweisung ausstellt.

Eltern können sich auch an eine psychologische Beratungsstelle oder einen niedergelassenen Kinder- und Jugendpsychiater wenden. Weitere Anlaufstellen finden Sie auf Seite 110.

»Ich verstehe das einfach nicht, mein Kind ist doch nicht dumm!« Viele Eltern haben den Eindruck, dass ihr Kind viel mehr leisten könnte, wenn – ja, wenn es sich nur mehr konzentrieren könnte.

Doch der Drill in der Schule ist groß – vielleicht braucht Julia mit ihren neun Jahren die langen Pausen am Nachmittag, wenn sie über ihren Heften zu träumen beginnt, anstatt die Hausaufgaben zu machen? Und dass der siebenjährige Max einfach nicht ruhig auf seinem Hosenboden sitzen kann, sondern ununterbrochen mit dem Stuhl wippen muss und mit den Füßen scharren, ist eigentlich kein Wunder – schließlich kann sich das Kind viel zu wenig austoben. Der zwölfjährige Michael ist ständig müde – das könnte auch daran liegen, dass er mitten im Wachstum steckt. Und Susi, die für alles so lange braucht – ist das nicht auch Temperamentssache?

Für alles und jedes gibt es Erklärungen, und doch mehren sich bei vielen Kindern im Laufe ihrer Entwicklung die Alarmzeichen. Viele Kinder fallen schon im Vorschulalter auf, weil sie Schwierigkeiten haben, sich mit sich selbst zu beschäftigen. Ständig lassen sie ein Spiel oder eine Bastelarbeit liegen und fangen etwas Neues an, und dann weinen sie vor Frustration, weil sie selbst spüren, dass sie nichts auf die Reihe bekommen.

Zum Problem wird die Flüchtigkeit der Sinne dann in der Schule, wenn die ABC-Schützen dem Unterricht nicht folgen können und ihre Aufgaben nur unvollständig schaffen. 40 Prozent der Eltern erklärten bei der bereits zitierten Infratest-Umfrage aus dem Jahr 2004, dass sich ihre Kinder nicht konzentrieren könnten. Jeder zweite kritisierte auch, der Nachwuchs habe keinerlei Lust beim Lernen.

Hektisch oder verträumt?

Zwei Arten von Konzentrationsschwäche lassen sich unterscheiden: Der »aktiv-impulsive« Typ will meistens schnell sein, hat wenig Geduld und arbeitet oberflächlich. Schönschreiben fällt ihm zum Beispiel schwer. Ohne sich vorher genau zu überlegen, was er eigentlich erreichen will, fängt er mit großem Schwung Aufgaben an, verliert aber sofort das Interesse, wenn irgendetwas auftaucht, was ihm Mühe bereitet. Die Hausaufgaben werden oft nicht notiert, auf Verabredungen oder Versprechen kann man sich nicht verlassen.

Im Unterricht lässt sich der aktiv-impulsive Typ leicht von anderen ablenken und beschäftigt sich mit allem Möglichen, nur nicht mit dem, was an der Tafel passiert. Solche Kinder wollen keine Verantwortung übernehmen, schieben die Schuld gerne auf andere und werden rasch wütend, hysterisch oder sogar aggressiv, wenn es nicht nach ihrem Kopf geht oder sie Misserfolge erleben.

Der »passiv-gedankenverlorene« Typ dagegen trödelt und gilt als verträumt. Während einer Schulaufgabe, die ihm Probleme bereitet, kann es vorkommen, dass er plötzlich das Blatt umdreht und zu malen anfängt. Wenn er beim Arbeiten aus dem Fenster sieht, verliert sich sein Blick im Nirwana. Solche Kinder haben oft kein Zeitgefühl, sie sind chronische Zuspätkommer. Oft sind sie kreativ, aber sie können nichts daraus machen. Sie verlieren sich zu leicht in ihrer Fantasiewelt. Sie wollen alles gleichzeitig und können sich nicht entscheiden, keine Prioritäten setzen. Meistens reicht ihnen deshalb auch die Zeit nicht, um in der Schule oder vor dem Zubettgehen ihre Aufgaben zu erledigen.

Der Aachener Lerntherapeut Andreas Tenzer unterscheidet in seiner Praxis konzentrationsgestörte Kinder in zwei weitere Kategorien. Er begegnet dort immer wieder dem »Lusttyp« und dem »Angsttyp«. Der »Lusttyp kann sich deshalb schlecht auf seine schulischen Belange konzentrieren, weil er fast immer etwas findet, was ihm mehr Spaß bereitet als das Lernen oder das Erledigen von Hausaufgaben.« Zum Beispiel mit Klassenkameraden Streiche aushecken oder zu Hause am Computer spielen. Versucht man, ihn stärker im Zaum zu halten, reagiert er meist mit »Dienst nach Vorschrift« und leistet nur ein Minimum von dem, was er eigentlich könnte.

Der »Angsttyp«, so Tenzer, sei dagegen eher übermotiviert. Er setze sich selbst unter großen Druck, um den Erwartungen von Schule und Eltern gerecht zu werden, vielleicht auch der Konkurrenz mit Geschwistern. Das hindere ihn daran, sein vorhandenes intellektuelles Potenzial auszuschöpfen, bis immer mehr Blockaden zur Versagens- (und Schul-) angst führten.

Keine innere Ordnung

Disziplin – dieses Thema ist wieder stärker in den Mittelpunkt der pädagogischen Debatten gerückt. Der Familienpsychologe Wolfgang Bergmann zum Beispiel sieht in der Unordnung der modernen Gesellschaft die zentrale Ursache für die häufigen Konzentrationsschwächen. Vor dem »Überfluss der Eindrücke« verschwinde die »Ordnung des Wartens«.

Die Konsumgesellschaft mit ihren unendlichen Wahlmöglichkeiten – von den Spielzeugen über die jederzeit verfügbaren Snacks bis hin zu Dutzenden Fernsehkanälen – ist durch ein Klima des Überflusses und der Ungeduld geprägt: Was nicht gleich funktioniert, wird weggeworfen – es ist ja noch so viel anderes da.

In ihrem Alltag lernen Kinder nicht mehr, sich anzustrengen und Bedürfnisse aufzuschieben. Wenn sich eine Aufgabe nicht leicht lösen lässt, geben sie schnell auf und wechseln das Thema. Viele halten es nicht aus, wenn sie sich plötzlich selbst etwas erarbeiten müssen und dabei der gewohnte Konsumkick ausbleibt. Sie haben Angst, etwas zu versäumen, wenn sie ihre Aufmerksamkeit auf eine einzige Aufgabe fokussieren. Gleichzeitig fehlt vielen die Einbettung in ein soziales Netz. Die Eltern sind berufstätig, die Großeltern leben anderswo, für die Freunde fehlen Zeit oder Raum zum Spielen. Werte wie Höflichkeit, Pflichtgefühl, Verantwortungsbewusstsein sind im Leben vieler Kinder kein Thema mehr.

Nur in der Schule und nirgendwo sonst mehr, kritisiert Psychologe Bergmann, werde den Kindern in der heutigen Zeit überhaupt noch »Aufmerksamkeit« abverlangt. Deshalb präge sich modernen Kindern jede Ordnung von Dingen oder Themen schwer ein, die sich nicht mit ihrem persönlichen Interesse oder ihrer individuellen Befriedigung decke.

So werde für viele allein schon der Erwerb der alphabetischen »Ordnung« zu einer Hürde, und ihr folgten viele andere: »Aus der Summe der Unsicherheiten und Unfähigkeiten erwächst schließlich ein schier unauflösliches Knäuel von Verhaltensproblemen, mal Angst, mal Hochmut (›das schaff ich mit links‹), mal Vermeidung (›mach ich nachher‹), mal Aggressivität oder Trotz – und in vielen Fällen Unruhe, Übernervosität oder eine sehr diffuse ziellose Verträumtheit.«

Fehlende Motivation

Viele Kinder können sich sehr wohl konzentrieren – es fehlt ihnen nur in bestimmten Situationen die Motivation dazu. »Na siehst du! Geht doch!«, sagen die Eltern dann triumphierend und vorwurfsvoll zugleich, wenn ihr Kind beim Monopoly die restliche Familie schlägt und mit Leidenschaft stundenlang komplizierteste Burgen baut oder Geschenke bastelt.

Gefühle sind wichtig, um den Kopf aufnahmebereit zu machen. Positive Empfindungen wie Vorfreude spornen das Gehirn zu Höchstleistungen an. Die Frage sei also nicht, so Wolfgang Bergmann: »Warum sind unsere Kinder nicht aufmerksam?« Sondern: »Warum sind sie an so wenigen Dingen und Themen wirklich interessiert?«

Zum einen liegt das an einer Wertekrise: Kinder, die von frühester Jugend mit Reizen überhäuft werden, tun sich schwer, daraus auszuwählen und Prioritäten zu setzen. Viele Eltern ziehen sich aus der Verantwortung, wenn es darum geht, den Konsumdruck der Gesellschaft mit ihren Kindern zu diskutieren, oder sie sind selbst ein Opfer davon. Sie haben Angst, Autorität auszuüben, und wissen nicht, welche Werte sie ihren Kindern vermitteln sollen – in der globalen Welt, die immer unübersichtlicher wird, je näher ihre Teile zusammenrücken.

Schon den Erwachsenen fehlt der Glaube, durch eigenes Handeln etwas beeinflussen zu können. Es fehlt ihnen auch die Sicherheit, den eigenen Kindern etwas mitgeben zu können, was in einigen Jahren noch Bestand hat. Es fehlen Instanzen, an denen man sich orientieren oder auch kritisch reiben kann. Die Scheinwelt der Medien, ergab eine Studie des Münchner Instituts für Medienpädagogik in Forschung und Praxis, liefert die Vorbilder, an denen sich Kinder und Jugendliche heute orientieren. Doch sie zeigt ein sehr einseitiges Bild der Welt.

Zum anderen verfolgen die meisten Schulen ein pädagogisches Modell, das sich im Abarbeiten von Lehrstoff erschöpft. Der Erfolg derjenigen Schulen, die sich mit Mitbestimmungsmodellen, Streitschlichter-Komitees oder Schülerfirmen auch um mehr soziales Engagement und Erziehung zur Verantwortung kümmern, zeigt, wie sehr Kinder und Jugendliche nach Zielen und Sinn in ihrem Leben suchen. »Der Gottesglauben zum Beispiel«, weiß Domkapitular Erich Pfanzelt, Leiter des Katholischen Schulkommissariats in Bayern, »interessiert Schüler sehr – was noch lange nicht heißt, dass sie dann auch schon gläubig sind. Aber die Kinder wollen sich an Standpunkten reiben, und ich denke, das hilft ihnen, selber zu eigenen, guten und selbstverantwortlichen Positionen zu finden.«

Der Schulalltag liefert jedoch zu wenig solcher Anreize zur Auseinandersetzung.

Das liegt nach Meinung vieler Bildungskritiker in dem erbarmungslosen Erfolgszwang, der die Schule prägt. Ordnung wird dort rasch zur Anpassung degradiert, individuelle Schwächen, aber auch Fähigkeiten, werden zu wenig berücksichtigt. »Wir brauchen eine Pädagogik, die der jeweiligen sozialen Herkunft genauso gerecht wird wie den unterschiedlichen Entwicklungsstufen und Lerntypen«, sagt Henning Scheich, Lernforscher am Leibniz-Institut für Neurobiologie in Magdeburg. »Man kann Kinder und Jugendliche nicht im Gleichschritt führen!«

Weil der Leistungszwang groß ist und individuelle Stärken und Schwächen in Schulen oft übersehen werden, haben viele Kinder keine Lust, sondern Unbehagen, wenn sie an den Unterricht denken. Mehr noch: Experten schätzen, dass zwischen 600 000 und 1,2 Millionen der derzeit zwölf Millionen Schüler an einer ausgeprägten Form von Schulangst leiden. Sie weigern sich, morgens den Weg in die verhasste Institution anzutreten, oder sie quälen sich in den Klassenraum. Sie leiden unter Schlaflosigkeit, Brechreiz oder Kopfschmerzen. Vor einer »beginnenden Epidemie« warnt Wolfgang Oelsner, Leiter der Klinikschule der Kinder- und Jugendpsychiatrie der Universität Köln. Er behandelt immer öfter auch »Kinder, die dem rauen Konkurrenzklima nicht mehr gewachsen sind«.

Panik und Stress aber reduzieren die Hirntätigkeit um bis zur Hälfte, stellte ein Team um Anna-Katharina Braun an der Universität Magdeburg fest. Die Informationskanäle werden verzerrt, das Gleichgewicht zwischen den Neurotransmittern und ihren Kontaktstellen verschiebt sich. Wissen, das unter Stress gelernt wird, bekommt außerdem vom Mandelkern, einem Teil des limbischen Systems, ein negatives emotionales »Etikett« angeheftet. Langfristig kann auch das hirneigene Belohnungssystem massiv geschädigt werden. Braun: »Wenn chronischer Stress das Gehirn belastet, dann gehen Nervenzellen zugrunde. Längerfristig werden synaptische Kontakte aufgelöst. Da werden quasi die Antennen der Zellen eingefahren und zerbröseln. Chronischer Stress ist etwas, was das Gehirn auf Dauer schädigt.«

Dass Angst den Lernerfolg schädigt, kritisierten übrigens auch schon die Bildungspioniere und Väter der pädagogischen Psychologie Johann Amos Comenius (1592–1670) und Johann Heinrich Pestalozzi (1746–1827).

Der große FOCUS-SCHULE KONZENTRATIONS-TEST

FOCUS SCHULE

Test: Wie konzentriert

15 Minuten Aufmerksamkeit | In kürzester Zeit erfahren Sie, ob Ihr Kind sich leicht ablenken lässt. Die Aufgaben hat das youngworld-Institut für Begabungsanalyse im Auftrag von FOCUS-SCHULE entwickelt.

Wer rasch das Wesentliche erfasst, lernt auch schneller.

Folgendes sollten Sie beachten:

- Sie benötigen eine Uhr mit Sekundenzeiger und einen Stift.
- Halten Sie sich an die Zeitvorgaben für die Aufgaben. Die dritte Übung richtet sich nur an Drittklässler und ältere Schüler.
- Zwischen den einzelnen Aufgaben können Sie kurze Pausen einlegen. Ihr Kind sollte entspannt und locker sein.
- Dieser Test vermittelt lediglich erste Anhaltspunkte. Aber wenn Sie Ihr Kind beim Lösen der Aufgaben genau beobachten, erfahren Sie bereits sehr viel über dessen Konzentrationsfähigkeit.
- Lösungen und Auswertung finden Sie im Anschluss an Aufgabe 4.

arbeitet mein Kind?

1.

Aufgabe 1

Gesichter

für alle Klassenstufen

Anweisung: Die beiden rechts abgebildeten Gesichter kommen im Kasten unten mehrfach vor. Markiere sie mit einem Kreis.

Zeitvorgabe:
1. und 2. Klasse: 75 Sekunden
3. und 4. Klasse: 60 Sekunden
Ab 5. Klasse: 45 Sekunden

Erreichte Punkte

2.

Aufgabe 2

Buchstaben und Zahlen für alle Klassenstufen

Anweisung: Beim Abschreiben der linken Spalte haben sich rechts Fehler eingeschlichen. Kreise die Abweichungen in der rechten Spalte ein.

Zeitvorgabe: Kinder aus der 1. und 2. Klasse: 120 Sekunden
3. und 4. Klasse: 75 Sekunden
Ab 5. Klasse: 60 Sekunden

1.	S 1060-Y	**1.**	S 10600-Y
2.	S 3020-Y20R	**2.**	S 2020-Y20R
3.	S 5005-Y20R	**3.**	S 5005-Y220R
4.	S 0570-Y40R	**4.**	S 0750-Y40R
5.	S 7020-Y90R	**5.**	S 720-Y90R
6.	S 2020-R10B	**6.**	S 2020-B10B
7.	S 0520-R50B	**7.**	8 0520-R50B
8.	S 3060-R80B	**8.**	S 3060-R80S
9.	S 1040-B10G	**9.**	S 1040-B100
10.	S 2060-B	**10.**	S 2060-P
11.	S 6005-B20G	**11.**	S 6006-B20G
12.	S 7020-B30G	**12.**	S 7020-B03G
13.	S 0505-B50G	**13.**	S 0905-B50G
14.	S 4050-B50G	**14.**	S 4050-B60G
15.	S 0520-G30Y	**15.**	S 0520-G30X
16.	S 3020-G30Y	**16.**	S 3020-O30Y
17.	S 1060-G30Y	**17.**	S 8060-G30Y
18.	S 1005-G50Y	**18.**	S 10005-G50Y
19.	S 7020-G50Y	**19.**	S 70-20-G50Y
20.	S 6020-G90Y	**20.**	S 6020-G96Y

Erreichte Punkte

3.

Aufgabe 3 Adressen für Schüler ab der 3. Klasse

Anweisung: Von den zehn Adressen aus der linken Spalte sind einige mit einem oder gar mehreren Fehlern abgeschrieben worden. Markiere alle Abweichungen in der rechten Spalte.

Zeitvorgabe: Kinder aus der 3. und 4. Klasse: 120 Sekunden
Ab 5. Klasse: 90 Sekunden

A. Schmitt Dorfstr. 16 a 76891 Eilendorf	 Telefon 09 13/47 89 20	A. Schmidt Dorfstr. 16 a 76891 Eilendorf	 Telefon 09 13/37 89 20
Klaus-Peter Rohde Am Anger 9 86544 Buchlohe	 Telefon 0 87 73/68 90	Klaus Peter Rohde Am Angar 9 86544 Buchlohe	 Telefon 0 87 73/68 80
Frauke Buschütter Berggasse 19 44385 Hückelhoven	 Telefon 0 23 58/2 56 81	Frauke Buschhütter Bergasse 19 44385 Hückelhofen	 Telefon 0 23 58/2 56 81
Dr. H.-R. Vogeler Kellnerweg 7 81774 Donaustadt	 Telefon 0 54 81/38 93	Dr. H.-R. Vogeler Kellerweg 7 81774 Donaustat	 Telefon 0 54 81/38 93
Fa. Glotz & Co GmbH Hauptstr. 22 30045 Bernsdorf	 Telefon 03 04/88 49	Fa. Glotz & Co GmbH Hauptstr. 22 03045 Bernsdorf	 Telefon 03 04/88 49
Heinrich Mayer Lorettoplatz 5 87751 Roggenkamp	 Telefon 08 91/6 29 18	Heinrich Mayer Lorettoplatz 5 87751 Roggenkamp	 Telefon 08 91/6 29 18
Marie Hannemann Forschepoeterweg 1 23789 Steinfurt	 Telefon 0 11 47/2 48 60	Marie Hanemann Forschepoterweg 1 23789 Steinfurt	 Telefon 01 47/2 48 60
Verena Brunner Elisenhof 13 14589 Neustatt	 Telefon 06 11/5 59 91	Verena Brunner Elisenhof 13 14589 Neustadt	 Telefon 06 11/5 59 91
Conditorei Gruber Am Marktplatz 8 23401 Vilshofen	 Telefon 0 77 39/27 86	Konditorei Gruber Am Marktplatz 8 23401 Vilshofen	 Telefon 07 39/27 86
Heike Naumann Taubenstraße 8 78003 Sigmaringen	 Telefon 0 97 73/47 80	Heike Naumann Taubenstraße 8b 7803 Siegmaringen	 Telefon 0 97 73/47 80

Erreichte Punkte ☐

4.

Aufgabe 4

Doppelt gemoppelt!

für alle Klassenstufen

Anweisung: Im Kasten links kommen einige Buchstaben oder Zahlen doppelt vor. Markiere die Paare.

Zeitvorgabe: Kinder aus der 1. und
2. Klasse: 120 Sekunden
3. und 4. Klasse: 75 Sekunden
Ab 5. Klasse: 60 Sekunden

a	l	Y	e	6	f	m	11	0	10
10	13	B	7	16	t	N	w	19	Z
K	4	X	1	G	15	m	18	ä	P
9	14	C	Q	au	3	H	e	ü	5
P	H	5	D	17	R	12	ä	ö	20
t	8	i	Z	s	J	2	V	u	1

Erreichte Punkte

Wichtig:

Haben Sie auch streng darauf geachtet, dass die vorgeschriebenen Zeiten zum Lösen der Aufgaben eingehalten wurden? Das ist wichtig – denn wie gut sich ein Kind konzentrieren kann, hängt von seinem Alter ab. Die Kleinen benötigen noch doppelt so viel Zeit wie ein Zehnjähriger. Es kommt also nicht nur darauf an, dass das Ergebnis richtig ist, sondern auch, dass die Zeiten nicht überschritten wurden.

Auf den folgenden beiden Seiten finden Sie die Auflösung der gestellten Aufgaben. Die Fehler sind rot markiert.

Lösungen

1. Aufgabe 1

Gesichter

Folgende Gesichter sollten eingekreist werden: 2, 9, 11, 15, 27.
Für jede richtige Lösung gibt es zwei Punkte, für jede falsche einen Punkt Abzug.

Höchstpunktzahl ist 10.

2. Aufgabe 2

Buchstaben und …

Für je zwei richtige Lösungen gibt es einen Punkt. Eine ungerade Anzahl von Richtigen wird abgerundet. Beispiel:
9 Richtige = 4 Punkte.

Höchstpunktzahl ist 10.

1. S 10600-Y
2. S 2020-Y20R
3. S 5005-Y220R
4. S 0750-Y40R
5. S 7020-Y90R
6. S 2020-B10B
7. 8 0520-R50B
8. S 3060-R80S
9. S 1040-B100
10. S 2060-P
11. S 6006-B20G
12. S 7020-B03G
13. S 0905-B50G
14. S 4050-B60G
15. S 0520-G30X
16. S 3020-030Y
17. S 8060-G30Y
18. S 10005-G50Y
19. S 70-20-G50Y
20. S 6020-G96Y

3. Aufgabe 3

Adressen

Für je zwei richtige Lösungen gibt es einen Punkt. Eine ungerade Anzahl von Richtigen wird zum Schluss abgerundet
(Beispiel: 13 Richtige = 6 Punkte).

Höchstpunktzahl ist 10.

A. Schmidt
09 13/37 89 20

Klaus-Peter Rohde
Am Angar 9
0 87 73/68 80

Frauke Buschhütter
Berggasse 19
44385 Hückelhofen

Kellnerweg 7
81774 Donaustadt

03045 Bernsdorf

Marie Hannemann
Forschepoeterweg 1
0 11 47/2 48 60

14589 Neustadt

Konditorei Gruber
0 77 39/27 86

Taubenstraße 8b
78003 Siegmaringen

4.

Aufgabe 4 **Doppelt gemoppelt!**

Doppelte Zahlen und Buchstaben sind eingefärbt. Richtige Lösungen geben je einen Punkt, falsche einen Punktabzug.

Höchstpunktzahl ist 10.

a	l	Y	e	6	f	m	11	0	10
10	13	B	7	16	t	N	w	19	Z
K	4	X	1	G	15	m	18	ä	P
9	14	C	Q	au	3	H	e	ü	5
P	H	5	D	17	R	12	ä	ö	20
t	8	i	Z	s	J	2	V	u	1

Tragen Sie bitte die Summen der einzelnen Aufgaben in die Kästchen unten ein. Addieren Sie diese und errechnen Sie so den Gesamtwert. Er darf nicht höher als 40 Punkte sein, sonst ist irgendwo ein Irrtum passiert.

Achten Sie darauf, ob Ihnen bei den Fehlern Ihres Kindes ein Muster auffällt. Hat es vielleicht besondere Schwierigkeiten mit dem Umgang mit Buchstaben? Irrt es sich vor allem bei Zahlen? Das könnten auch Hinweise auf Teilleistungsstörungen sein. Um das abzuklären, ist dieser Test jedoch nicht geeignet. Dazu müssten Sie den Schulpsychologen aufsuchen.

Punkte im Konzentrationstest:

Aufgabe 1: Höchstpunktzahl: 10 - **Erreichter Wert:** ☐

Aufgabe 2: Höchstpunktzahl: 10 - **Erreichter Wert:** ☐

Aufgabe 3: Höchstpunktzahl: 10 - **Erreichter Wert:** ☐

Aufgabe 4: Höchstpunktzahl: 10 - **Erreichter Wert:** ☐

Erreichter Gesamtwert: ☐

Punktzahl ermitteln

Suchen Sie in der obersten waagrechten Reihe den erreichten Gesamtwert. Bei Erst- und Zweitklässlern fällt er niedriger aus, weil eine Aufgabe weniger gelöst wurde. Das wird bei der Auswertung berücksichtigt.

In der Spalte unter dem Gesamtwert finden Sie die Einstufung Ihres Kindes je nach besuchter Klasse.

Punkte	0-2	3-4	5-6	7-8	9-10	11-12
1. und 2. Klasse	1	1	2	2	3	3
3. und 4. Klasse	1	1	1	2	2	3
ab 5. Klasse	1	1	1	1	2	2

Punkte	13-14	15-16	17-18	19-20	21-22	23-24
1. und 2. Klasse	4	4	4	5	5	6
3. und 4. Klasse	3	4	4	4	5	5
ab 5. Klasse	3	3	4	4	4	5

Punkte	25-26	27-28	29-30	31-32	33-34	35-36
1. und 2. Klasse	6	7	7	7	7	7
3. und 4. Klasse	6	6	7	7	7	7
ab 5. Klasse	5	6	6	7	7	7

Punkte	37-38	39-40
1. und 2. Klasse	7	7
3. und 4. Klasse	7	7
ab 5. Klasse	7	7

Was die Stufen bedeuten, lesen Sie auf der folgenden Seite.

Die Auswertung des Tests:

Stufen 1 und 2:

Ihr Kind war bei diesem Test unkonzentriert. Das muss noch kein Unglück sein. Vielleicht war es nur müde oder wurde beim Lösen der Aufgaben abgelenkt. Wenn dieses schwache Ergebnis aber Probleme in der Schule bestätigt, sollten Sie aufmerksam werden. Beobachten Sie, wie Ihr Kind lernt und welche Umstände seine Arbeit beeinträchtigen. Vielleicht hat es Sorgen oder körperliche Probleme, sitzt zu viel vor Fernseher und Computer oder wird von Geschwistern gestört. Fragen Sie auch in der Schule bei Lehrer oder Lehrerin nach, wie Ihr Kind sich dort im Unterricht verhält. Hinweise, wie Sie die Konzentrationsfähigkeit trainieren können, finden Sie in diesem Buch ab Seite 89.

Stufen 3 bis 5:

Ihr Kind kann sich seinem Alter entsprechend normal konzentrieren. Fällt es trotzdem in der Schule durch Unaufmerksamkeit auf oder hat es Probleme, seine Hausaufgaben zu erledigen, dann beeinträchtigen Störfaktoren wie Lärm oder andere Ablenkungen seine Leistungen. Vielleicht sollten Sie versuchen, mehr Ruhe in das Leben Ihres Kindes zu bringen.

Stufen 6 und 7:

Ihr Kind kann sich gut konzentrieren. Wenn es sich einer Aufgabe widmet, ist es kaum abzulenken. Falls das in der Schule oder zu Hause dennoch nicht der Fall sein sollte, ist das ein deutlicher Hinweis darauf, dass die Lernumgebung nicht optimal ist. Finden Sie heraus, was die Konzentration Ihres Kindes stört!

Nur keine Panik!

Dieser Test kann Ihnen einen ersten überprüfbaren Eindruck geben, wie aufmerksam Ihr Kind ist. Falls Sie mit dem Ergebnis nicht zufrieden waren, führen Sie ihn einige Tage später nochmals mit Ihrem Kind durch. Achten Sie dabei besonders auf die richtigen Rahmenbedingungen wie Ruhe und die Zeit, die zur Verfügung steht.
Vermutlich ist Ihr Kind beim zweiten Mal etwas besser, weil es einige der Aufgaben schon kennt. Doch die Tendenz sollte sich bestätigen.

Noch eine Übung

KONZENTRATION

Welche Zahlenreihe verbirgt sich hinter dem Wort „Konzentration“? Folgen Sie mit einem Stift den roten Linien. Startpunkt: die einzelnen Buchstaben. Das Ziel: die zugeordneten Zahlen. Viel Spaß bei der kleinen Übung. Auflösung siehe unten.

Auflösung:
7-4-9-6-2-3-12-10-13-8-1-5-11

Hilfe für Eltern:

Das Focus-Schule-Testcenter bietet Ihnen im Internet weitere Möglichkeiten, die Fähigkeiten und Potentiale Ihres Kindes besser einzuschätzen:

- **Lerntypen-Test**

Er zeigt Ihnen, welche individuellen Hilfestellungen Ihr Kind benötigt, damit es seine Fähigkeiten optimal entfalten kann. Ein integrierter Fragebogen bezieht Ihre persönlichen Erfahrungen in die Auswertung mit ein.

- **Talent-Test**

Er liefert Hinweise, welches Potenzial in Ihrem Kind steckt, zeigt aber auch, wo seine Schwächen liegen. Beide Seiten sollten gestärkt werden – die eine, um dem Kind Erfolgserlebnisse zu verschaffen, die andere, um Lernfrust zu vermeiden.

INTERNET

Beide Tests wurden vom youngworld-Institut in München erstellt und stehen für eine Lizenzgebühr zum Download bereit:

http://www.focus.de/schule/testcenter

INTERVIEW

Tests schärfen den **Blick**

Pädagogik | Eltern beurteilen die Fähigkeiten ihrer Kinder oft nicht objektiv. Kontrollverfahren helfen ihnen, zwischen Wunschbild und Wahrheit zu unterscheiden.

Thomas von Krafft vom Münchner youngworld-Institut hat sich auf die Entwicklung und Anwendung von Tests für Schulkinder spezialisiert. Er hilft Eltern dabei, die Begabungen ihrer Kinder aufzudecken und zu fördern.

FOCUS-**SCHULE**: **Sie haben einen Konzentrationstest für Kinder und Jugendliche entwickelt. Ist er so etwas Ähnliches wie ein Intelligenztest?**

THOMAS VON KRAFFT: Nein, die beiden muss man deutlich auseinanderhalten: Konzentration ist kein Merkmal von Intelligenz. Im Gegenteil: Sie wandelt sich mit dem Alter und wird durch ein Training erheblich verbessert. Jedes Kind kann lernen sich zu konzentrieren, unabhängig davon, wie klug es ist. Allerdings bleibt seine wahre Intelligenz verborgen, wenn es sich nicht richtig konzentrieren kann.

Was leistet also ein Konzentrationstest?

Er macht die Fähigkeit, sich zu fokussieren, zu einem bestimmten Zeitpunkt messbar. Auf diese Weise können Sie zum Beispiel zwei Kinder miteinander vergleichen. Oder Sie können den Test nach einiger Zeit wiederholen, um zu überprüfen, ob Ihr Konzentrationstraining Wirkung zeigt, ob das Kind auf dem richtigen Weg ist.

Erfahren Eltern etwas über die Ursachen der Konzentrationsschwäche?

Nein. Eine solche Diagnose kann man nur stellen, wenn man ein Kind persönlich kennenlernt und auch mit den Eltern spricht. Dafür gibt es eigene Analysetechniken, die unser Institut auf Wunsch auch durchführt.

Kann der Test Hinweise auf eine krankhafte Aufmerksamkeitsstörung wie ADS geben?

Nicht direkt. Wenn das Ergebnis aber sehr schlecht ausfällt, wäre das ein Anlass, mit dem Kind einen Psychologen aufzusuchen und das untersuchen zu lassen.

Sie sehen bei Ihrer Arbeit viele Familien. Was ist Ihrer Erfahrung nach der häufigste Grund für Konzentrationsschwächen?

Meist sind es ganz banale Gründe: Die Kinder haben zum Beispiel oft keine Ruhe zu Hause. Manchen Eltern fällt das gar nicht auf, welche Unruhe in der Familie herrscht, weil den ganzen Tag Musik läuft oder Geschwister durchs Zimmer laufen. Kinder müssen sich nicht nur bei der Arbeit konzentrieren, sondern auch sonst mal zurückziehen können.

Eltern müssen also auch erst aufmerksam für bestimmte Faktoren werden?

Sie brauchen Einfühlungsvermögen, Zeit und Geduld, um die verborgenen Seiten ihres Kindes kennenzulernen. Nicht selten übersehen sie zum Beispiel ganz wesentliche Fähigkeiten oder lassen sie nicht aufkeimen, weil sie hier oder dort gar keine Erwartungen haben. Tests können ihnen helfen, das wirklich Wichtige bei ihren Kindern zu erkennen und zu fokussieren – auch das ist eine Art von Konzentration.

Weitere Informationen: www.youngworld.de

Kleine Geschichte der Persönlichkeits-Tests

Francis Galton (1822–1911), ein Cousin von Charles Darwin, war der Erste, der Kriterien entwickelte, um menschliche Eigenschaften objektiv und für andere nachprüfbar darzustellen. Er gilt als der Vater der Biometrie, der Vermessungslehre lebender Objekte.

Sein Schüler **James McKeen Cattell** (1860–1944) erfand die ersten Testverfahren für geistige Fähigkeiten, darunter solche, welche die schulische Eignung von Kindern vorhersagten. Damals tat man sich noch schwer, Nervenkrankheiten von Entwicklungsstörungen zu unterscheiden, und suchte nach brauchbaren Kriterien.

Der französische Psychologe **Alfred Binet** (1857–1911) erforschte die Rolle von Umwelteinflüssen auf die Entwicklung des Denkens. Er entwickelte Übungen, mit denen er das Intelligenzniveau von Kindern heben wollte. Der Amerikaner **David Wechsler** (1896 bis 1981) entwickelte den ersten Intelligenztest für Kinder.

Heute arbeitet die psychologische Diagnostik mit einer Vielzahl unterschiedlichster Testverfahren, die Erkenntnisse der Hirnforschung mit Weiterentwicklungen der Psychologie verknüpft. Sie beschreiben unterschiedliche Fähigkeiten, erklären augenblickliches und prognostizieren zukünftiges Verhalten. Die Tests müssen standardisiert sein, reliabel (frei von Zufallsfehlern) und valide, das heißt, für ihren Zweck geeignet. Viele davon sind inzwischen computergestützt.

Die pädagogisch-psychologische Diagnostik als Teildisziplin misst Schul- oder Leistungsangst, Motivation und Intelligenz sowie das Selbstkonzept (die Wahrnehmung der eigenen Person). Psychiater oder Psychologen sind speziell ausgebildet, solche Testverfahren anzuwenden, aber auch Therapeuten und Laien gebrauchen sie. Nach Schätzungen der Berufsverbände werden nur etwa 20 Prozent aller psychodiagnostischen Untersuchungen mit ausreichenden Standards vorgenommen. Es ist deshalb wichtig, auf die Qualifikation der Personen und Institute zu achten, die sie durchführen.

Als Eltern können Sie sehr viel dazu beitragen, Ihren Kindern die Grundlagen für schnelleres Denken und bessere Aufmerksamkeit für ihr späteres Leben mitzugeben. Das Familienleben nämlich spielt eine ganz zentrale Rolle, weiß der Gelsenkirchener Schulpsychologe Detlef W. Timp aus der Erfahrung seiner Beratungspraxis: »Man muss sich mit den Kindern beschäftigen. Sie lernen zuerst in der Familie, sich länger auf etwas zu konzentrieren – beim Mittagessen, beim Vorlesen oder bei Brettspielen.«

Sein Kollege Wolfgang Bergmann, Autor eines Buches mit dem Titel ›Nur Eltern können wirklich helfen‹, sieht das ähnlich. Kinder erlernen ihre wichtigsten Fähigkeiten zu Hause und nicht in der Schule, betont er. »Das beginnt damit, dass sie lernen müssen, am Mittagstisch so lange sitzen zu bleiben, bis alle mit dem Essen fertig sind. Solche sozialen Fähigkeiten werden aber immer weniger eingeübt, weil viele Kinder sich selbst überlassen bleiben. Ihre Vorbilder finden sie in den Medien – meist handelt es sich um übermächtige Kunstfiguren, die alle Fertigkeiten sofort beherrschen. Wenn die Kinder sich nur daran orientieren, müssen sie scheitern.«

Zu Recht erwarten Sie von den Lehrern, die schließlich ausgebildete Pädagogen sind, interessante Unterrichtskonzepte und eine moderne Didaktik. Doch im familiären Alltag haben Sie als Eltern einen viel grundsätzlicheren Einfluss auf die Konzentrationsfähigkeit Ihrer Kinder. Sie können dazu beitragen, dass diese sich wohl und geborgen fühlen, Stress aushalten und Niederlagen wie Rückschläge gut wegstecken können.

Es gibt viele individuelle Ansatzpunkte, wie Sie Ihrem Kind helfen können. In dem nächsten Abschnitt geht es zunächst einmal darum, die allgemeine Gedächtnisleistung zu unterstützen und zu stärken. Gezielte Übungen für eine bessere Konzentration finden Sie dann im darauffolgenden Kapitel.

Entspannte Erziehung

Grau ist alle Theorie – es gibt keinen Elternteil, der sich selbst nicht vorwirft, entgegen allen guten Vorsätzen immer wieder mal die Nerven zu verlieren, wenn es um die Erziehung geht. Das ist nur menschlich.

Wichtig ist jedoch, dass Eltern ihren Kindern das Gefühl geben, sie jenseits aller Konflikte zu lieben und immer für sie da zu sein. Eskalationen müssen rechtzeitig verhindert werden, bevor seelische oder gar körperliche Verletzungen zu schweren Schäden führen. Verlustangst, Drohungen und Strafen, oft auch unausgesprochene Vorwürfe und Tabus belasten Kinder schwer.

Äußerer Stress macht inneren Stress. Aggressivität und Angst hinterlassen ein biochemisches Muster im Körper, das sich umso mehr verfestigt, je früher es geprägt wird. Menschen, die schon im Mutterleib Stress ausgesetzt sind, werden ihr ganzes Leben lang besonders sensibel auf Belastungen reagieren, weil sich ihr Organismus ein bestimmtes Reiz-Reaktionsmuster eingeprägt hat.

Angst löst nicht nur großen seelischen Schmerz aus, sie hat auch unmittelbare negative Folgen für die Leistung des Gehirns (siehe Seite 36). Deshalb ist es wichtig, dass Sie von Anfang an ein angstfreies Klima in der Familie schaffen:

- Zwingen Sie Ihr Kind zu nichts, was es fürchtet. Vermitteln Sie ihm stattdessen, dass es keine Angst vor einem Scheitern zu haben braucht, sondern von Ihnen mit allen seinen individuellen Fehlern und Stärken angenommen wird.

- Zeigen Sie Ihr Interesse für die Welt Ihres Kindes, doch ohne es dabei zu dominieren. Es muss lernen, ein eigenständiger, selbstverantwortlicher Mensch zu werden. Behalten Sie den Überblick, aber vermeiden Sie Kontrolle.
- Verschaffen Sie Ihrem Kind Raum für sich, wo es spielen kann und seinen eigenen Fantasien nachhängen.
- Verabreden Sie in der Familie klare Regeln, die für alle Beteiligten gelten.
- Nehmen Sie Ihr Kind ernst, versuchen Sie, Problemen auf den Grund zu kommen, auch wenn diese Ihnen unbedeutend erscheinen – kleine Menschen können sehr große Sorgen haben.

Familiäre Geborgenheit

Familien sind komplexe Systeme. Krisen der Eltern, wie zum Beispiel Geldsorgen, Streit, Trennungen oder Arbeitslosigkeit übertragen sich sofort auf alle ihre Mitglieder. Kinder aber sind konservativ, sie scheuen Unbekanntes und brauchen so viel Stabilität wie möglich: Spannungen zwischen den Eltern, das Pendeln zwischen getrennt lebenden Partnern, ein häufiger Wechsel der Bezugspersonen oder ein Umzug, der mit dem Verlust von Freunden einhergeht, verunsichern sie. Auch ein Tod, der Verlust eines vertrauten Menschen, oder sei es auch nur der eines geliebten Haustieres, kann den sensiblen Gefühlshaushalt aus dem Gleichgewicht bringen.

Krisen lassen sich jedoch nicht immer vermeiden. Sie können jederzeit jede Familie treffen. Deshalb ist es besonders wichtig, dem Leben einen festen Rahmen zu geben, der auch in Zeiten der Instabilität hält. Dabei helfen Rhythmen und Rituale, aber auch eine Kultur des Respekts und des achtsamen Umgangs miteinander, ein offenes Gesprächsklima, Zuwendung und Liebe.

Je stabiler der Rahmen ist, in dem das Leben Ihres Kindes

abläuft, desto sicherer und geborgener kann es sich fühlen. Ordnung und Rituale sind also wichtige Voraussetzungen für eine bessere Konzentration:

- Schaffen Sie ein Klima der Regelmäßigkeit. Rituale wie ein gemeinsames Sonntagsfrühstück oder das abendliche Vorlesen sind auch in unsicheren Zeiten ein emotionaler Anker.
- Ein klar strukturierter Tagesablauf gibt Ihrem Kind eine wichtige Orientierung. Sind Aufgaben und Pflichten vertraut, fällt es ihm leichter, sie zu erledigen – zum Beispiel, wenn die Hausaufgaben immer zu einem bestimmten Zeitpunkt gemacht werden. Nervenaufreibende Diskussionen über Trödelei sind dann nicht mehr notwendig. Auch der Aufwand, sich immer wieder neu zu motivieren, ist geringer, wenn das Kind daran gewöhnt ist, dass Aufgaben ihren definierten Platz und Zeitpunkt haben. Dieser sollte dem Tagesrhythmus des Kindes entgegenkommen: Nicht jedes Kind ist gleich – so wenig wie jeder Erwachsene. Erkunden Sie mit Ihrem Kind, wann es besonders aktiv und aufnahmefähig ist.
- Feste Bezugspersonen sind wichtig – sie sollten dem Kind nicht ständig wieder abhandenkommen, auch wenn es »nur« der Babysitter ist.
- Achten Sie darauf, dass Ihr Kind Freunde hat. Wenn es sich schwertut, Anschluss zu finden, können Sie mit Geburtstagsfeiern und anderen Aktivitäten wie Ferienprogrammen oder einem Sportverein viel dazu beitragen, dass sich das ändert.
- Ein Haustier kann ein wichtiger Freund für ein Kind sein und es gleichzeitig in die Verantwortung nehmen. Tiere brauchen regelmäßige Pflege und fordern Achtsamkeit und Zuwendung.

Ausreichend Schlaf

Jedes sechste Kind leidet unter Schlafstörungen. Schuld daran sind meistens Lärm sowie ein übermäßiger Fernsehkonsum, zeigte eine Studie der Kölner Kinderklinik, an der 11 000 Erst- und Viertklässler mit ihren Eltern teilnahmen.

Kinder benötigen aber ihren Schlaf: Wachstum, körperliche und seelische Entwicklung fordern ihren Tribut: Der Organismus wird in besonderem Maße beansprucht. Neun bis zehn Stunden sind nötig, damit das Gehirn am nächsten Tag über genug Energie für seine Arbeit verfügt. Für das Erlernen neuer Leistungen ist Schlaf eine wichtige Voraussetzung.

Doch selbst bereits Gelerntes wird im Schlaf wiederholt: Hirnforscher haben herausgefunden, dass Lernstoff wie auch Erlebnisse des Tages im Laufe der Nacht mehrfach eine Schleife zwischen Hippokampus und Großhirnrinde durchlaufen. Dabei verstärkt sich der Effekt des Lernens. Am nächsten Morgen ist er größer als am Abend zuvor, zeigten Experimente an der US-Universität Harvard. Wer bis kurz vor dem Einschlafen lernt, profitiert besonders von diesem Effekt.

Wer ausgeruht ist, kann sich aber natürlich auch viel besser konzentrieren, weil sein Gehirn voll funktionsfähig ist. Achten Sie deshalb bei Ihren Kindern auf ausreichend Schlaf:

- Schlaf lässt sich nicht befehlen. Er ist ein spontanes und mit dem Willen nicht steuerbares Verhalten. Versuchen Sie also lieber, den Biorhythmus Ihres Kindes zu erkunden und Störfaktoren auszuschalten.
- Schaffen Sie klare Regeln, wann Ihr Kind ins Bett geht. Dabei hilft ihm ein Spielraum von ein bis zwei Stunden, sodass es den genauen Zeitpunkt selbst bestimmen kann. Das, zeigen Erfahrungen von Eltern, entspannt den ständigen Streit, wann ins Bett zu gehen sei, enorm.
- Verbannen Sie das Fernsehgerät aus dem Kinderzimmer. Es verführt zum unkontrollierten Konsum und ist auch als Quelle eines elektromagnetischen Kraftfeldes ein Störfaktor.
- Ihr Kind sollte also eine Stunde vor dem Zubettgehen nicht mehr fernsehen, an einem Computer spielen oder arbeiten.

- Sorgen Sie dafür, dass Ihr Kind morgens genug Zeit hat, um wach zu werden.
- Lesen Sie Ihrem Kind vor dem Einschlafen etwas vor oder regen Sie es dazu an, selbst zu lesen. Das entspannt nicht nur, sondern bringt das Gehirn dazu, neue Verschaltungen zu bilden, die für die Konzentration wichtig sind (siehe Seite 14).
- Rituale wie eine Tasse Kräutertee (es gibt spezielle Entspannungstees) oder ein Glas warme Milch helfen beim Einschlafen. Danach Zähne putzen nicht vergessen!
- Ruhe in der Umgebung des Kinderzimmers ist wichtig. Nehmen Sie Störfaktoren nicht auf die leichte Schulter.
- Gehen Sie locker mit Schlafwandeln oder Alpträumen um, in der Regel legen sich solche Erscheinungen bald wieder.
- Wenn das Einschlafen trotzdem schwerfällt, können Sie mit Ihrem Kind ein Entspannungsverfahren trainieren (siehe Seite 102).

Mehr Bewegung

Körperliche Bewegung ist für den Stoffwechsel des gesamten Organismus wichtig. Auch die Leistung des Gehirns hängt davon ab. Es wird besser durchblutet. Wenn ein Kind nur 40 Prozent seiner möglichen Energie austobt, erhält das Gehirn bereits 25 Prozent mehr Blut. Das gilt vor allem für die Großhirnrinde, die für alle Prozesse der Langzeiterinnerung wichtig ist.

Bewegung fördert aber nicht nur die Durchblutung, sondern sie senkt auch den Stresspegel und beeinflusst den Botenstoffhaushalt des Körpers. Die Botenstoffe sind wichtig, um die logischen und emotionalen Areale des Gehirns miteinander zu verbinden, Motivation und Antrieb zu fördern. Wahrnehmung, Bewertung, Gedächtnis und Aufmerksamkeit werden so im Nervensystem optimal miteinander vernetzt. Eine besondere Rolle spielt dabei der Gleichgewichtssinn. Stuhlkippeln fördert das Denken, betont die Bundesarbeitsgemeinschaft für Haltungs- und Bewegungsförderung, denn es entspricht dem natürlichen Bewegungsbedürfnis. »Der Organismus des Kindes braucht einen ständigen Belastungswechsel«, sagt der Experte Dieter Breithecker. Kinder tendieren nämlich unbewusst dazu, alle 60 bis 90 Sekunden ihre Haltung zu ändern, wenn sie dazu die Möglichkeit haben.

In Hannover wurden Grundschüler getestet, von denen die eine Hälfte an konventionellen Schulmöbeln saß, die andere auf flexiblen Rolldrehstühlen und an höhenverstellbaren Tischen. Die Unterschiede in ihrer Leistung waren frappierend: Während Aufmerksamkeit und Konzentrationsfähigkeit bei den still sitzenden Kindern ab der dritten Stunde deutlich sanken, stiegen sie bei den anderen sogar an!

Besonders gut lernt es sich also entgegen der landläufigen Meinung, wenn man nicht still sitzen muss. Pädagogen haben aus dieser Erkenntnis Konzepte für eine »bewegte Schule« entwickelt, in der Positionswechsel während des Unterrichts erlaubt sind und sogar gefördert werden und etwa Englischvokabeln während eines Bewegungsspiels gelehrt werden. Allerdings erfordern solche Schulmodelle eine besonders intensive Betreuung.

Bewegung ist also nicht nur förderlich, um danach besser lernen zu können, sondern dient auch der Konzentration. Sie können das leicht nachvollziehen, wenn Sie mit Ihren Kindern ein Spiel spielen, bei dem Wörter mit bestimmten Gesten kombiniert werden (zum Beispiel »Alles, was Flügel hat, fliegt …«). Das Gehirn nämlich lernt am leichtesten, wenn so viele Sinne wie möglich gleichzeitig angesprochen werden (siehe Seite 20). Nervenzellen werden dadurch neu verschaltet oder besser miteinander vernetzt.

Selbst das Zappeln, das Scharren mit den Füßen oder Wippen mit dem Knie, glauben Wissenschaftler heute, ist ein unbewusster Versuch, Hirnblockaden durch Motorik zu beseitigen. Und Kaugummi-Kauen, die Bewegung des Kiefers also, hilft beim Denken. Manche Lehrer gestatten es deshalb ausdrücklich während einer Schulaufgabe.

Wichtig jedoch ist: Die Bewegung soll unterstützen, nicht ablenken!

- Bringen Sie Ihr Kind dazu, sich tagsüber auszutoben, am besten im Freien, an der Luft.
- Wenn es dafür keinen Raum gibt, regen Sie es dazu an, sich einen Sport auszusuchen, den es regelmäßig betreibt. Das macht Spaß, ist gesund und schafft einen zusätzlichen Leistungsanreiz. Sich im Wettbewerb zu profilieren, in Stresssituationen die Nerven zu behalten und im Team zu funktionieren sind alles Erfahrungen, die auch in der Schule hilfreich sind.
- Nutzen Sie mit der gesamten Familie alle Möglichkeiten, sich im Alltag zu bewegen. Seien Sie Vorbild (nehmen Sie statt dem Auto das Fahrrad, statt dem Lift die Treppe, erledigen Sie vieles zu Fuß).
- Erlauben Sie Ihrem Kind, sich diejenige Arbeitshaltung auszusuchen, die ihm am angenehmsten ist, solange es dabei von seinem Umfeld nicht abgelenkt wird.
- Achten Sie beim Möbelkauf auf Beweglichkeit und Variationsmöglichkeiten: Es gibt Stühle, die durch ihre Federung und Lagerung der Sitzfläche die Motorik unterstützen. Besonders gut sind solche, auf denen man auch verkehrt herum oder seitlich sitzen kann. Sitzbälle sind eine gute Abwechslung für zwischendurch (auf Dauer sind sie nicht gut für die Wirbelsäule).
- Wenn die Konzentrationsstörungen massiv sind, dann suchen Sie Unterstützung durch einen Ergotherapeuten. Dieser zeigt Ihnen und Ihrem Kind Übungen (siehe Seite 103) zur Verbesserung der Koordination von Körper und Kopf, was sich positiv auf die Verschaltung der beiden Hirnhälften auswirkt.
- Auch kleine Bewegungen können große Wirkung haben: Wer ein Musikinstrument erlernt, trainiert das Zusammenspiel verschiedenster Körperteile. Das steigert Durchhaltevermögen und Konzentrationsfähigkeit.

Das Gehirn braucht Zucker, es ist sein alleiniger Energielieferant. Traubenzucker erreicht es als Einfachzucker am schnellsten. Trotzdem hilft ein Traubenzuckerriegel nur dann, wenn das Kind erschöpft ist oder bei einer Prüfung einen Durchhänger hat. Denn seine Wirkung hält nur kurz an.

Das liegt daran, dass die Bauchspeicheldrüse daraufhin vermehrt Insulin produziert, das den Energielieferanten rasch in die Zellen schleust. Dadurch sinkt der Zuckerspiegel im Blut abrupt ab, oft noch unter das vorherige Niveau. Die Folge: Das Kind wird müde und antriebslos und sein Organismus verlangt nach neuem Zucker. Deshalb wirken sich auch Snacks, die meist viel Weißmehl und Zucker enthalten, negativ auf die Konzentration aus.

Gleichzeitig wird Adrenalin ausgeschüttet, um den Blutzuckerspiegel zu normalisieren. Dieses Hormon vermindert die Kontrolle der Impulsivität, steigert aber die Nervosität und führt so zu Konzentrationsstörungen. Bei Kindern führt der Verzehr eines süßen Snacks zur Ausschüttung von zehnmal mehr Adrenalin als bei Erwachsenen. »Süßigkeiten, wenn überhaupt, nur direkt nach einer Hauptmahlzeit, weil der Blutzuckerspiegel dann nur schwach ansteigt«, fordert der Allgemeinmediziner Tobias Kühne, der eine Studie über den Zusammenhang von Ernährung und ADHS gemacht hat. »Niemals als Zwischenmahlzeit und ganz fatal als Pausenbrot!«

Zwischen zehn und zwanzig Prozent der Schulanfänger sind bereits zu dick, vier bis acht Prozent sogar fettleibig. Dicke Kinder haben oft trotz ihrer Jugend einen erhöhten Cholesterinspiegel und zu viel Zucker im Blut. Einige von ihnen leiden bereits unter einer Form der Zuckerkrankheit, die normalerweise erst im Alter auftritt. Ihre Bauchspeicheldrüse ist von dem anhaltenden Zuckerbeschuss durch Süßigkeiten, Softdrinks und Snacks erschöpft.

Verschiedene Studien haben versucht nachzuweisen, dass hyperaktive, unkonzentrierte Kinder deutlich ruhiger und aufmerksamer werden, wenn sie keine Snacks und Fertigprodukte essen, sondern frisch zubereitete Mahlzeiten. Manche Forscher führen das auf zu viele Lebensmittelzusatzstoffe im »Fast Food« zurück, andere auf darin enthaltene Phosphate, Zucker oder den Austauschstoff Aspartam. Doch ein endgültiger Zusammenhang konnte nicht bewiesen werden.

Viele Experten vermuten, dass schon allein der Verzicht auf Fast Food und Snacks in den Familien zu so vielen Umstellungen (zum Beispiel mehr gemeinsamen Mahlzeiten) führt, dass eher das der Grund für den positiven Wandel bei den Kindern und Jugendlichen ist. Regelmäßige Mahlzeiten scheinen wichtig für die Konzentration zu sein: So sind Kinder, die vor der Schule gefrühstückt hatten, laut Studien deutlich aufmerksamer als jene, die hungrig in den Unterricht kommen.

Die Nahrung sollte viel Obst, Gemüse und Getreide enthalten. Diese liefern Gehirn und Körper langfristige Energie, weil sie aus langkettigen Kohlehydraten bestehen, die vom Organismus langsam abgebaut werden. Das gilt sogar für Schokolade, solange sie mindestens 70 Prozent Kakaoanteil hat. Sie führt dem Gehirn Tryptophan zu, eine Aminosäure, die wichtig für den Serotoninstoffwechsel des Gehirns ist. Serotonin ist ein wichtiger Botenstoff für das Belohnungssystem.

Reines Brain-Food sind Bananen: Wenn sie reif sind, enthalten sie kurzkettige Zuckermoleküle, die rasch munter machen. Im noch leicht grünen, festeren Zustand liefern sie langfristige Energie. Neben den Mineralien Kalium, Phosphor und Magnesium findet sich auch in Bananen Tryptophan.

Nahrungsergänzungsmittel können eine ausgewogene Ernährung nicht ersetzen, aber sie helfen unter Umständen bei der Behandlung von Konzentrationsstörungen. Sie sollten jedoch nie die alleinige Therapie sein und stets nur nach Rücksprache mit dem Kinderarzt eingesetzt werden. Dazu zählen Vitamin B, Mineralstoffe, Aminosäuren und Omega-3-Fettsäuren, die alle Bausteine für die so wichtigen Neurotransmitter wie Dopamin und Noradrenalin im Gehirn sind.

B-Vitamine zum Beispiel fördern die Sauerstoffzufuhr zum Gehirn, stärken Nerven und Koordination, lindern Stress und erhöhen die Gedächtnisleistung. Magnesium hilft nicht nur gegen Muskelkrämpfe und Schlafstörungen, sondern auch bei Konzentrationsstörungen. Aminosäuren versorgen das Gehirn mit Energie. Omega-3-Fettsäuren sind wichtig für den Zellstoffwechsel der Neuronen.

Zu warnen ist allerdings vor Medikamenten, wenn diese nicht gezielt zur Behandlung eines Leidens verschrieben wurden: Die Substanz Methylphenidat (Ritalin) zum Beispiel steigert auch bei gesunden Kindern vorübergehend die Leistungsfähigkeit und kann deshalb zu einer Art Hirn-Doping verwendet werden. Sie ist jedoch rezeptpflichtig.

In vielen Forschungslaboren der Welt wird außerdem an Medikamenten gearbeitet, die zum Beispiel in den Dopaminhaushalt eingreifen und so die Denkleistung des Gehirns verbessern sollen.

Schließlich ist auch der Flüssigkeitshaushalt wichtig: Wassermangel kann zu Lernblockaden führen: Laut der Deutschen Gesellschaft für Ernährung sollten Kinder täglich mindestens 2,15 Liter trinken, am besten Mineralwasser, ungesüßte Früchte- und Kräutertees oder Saftschorlen.

- Versuchen Sie, so oft wie möglich gemeinsam am Tisch zu sitzen. Mahlzeiten sind – zeitlich und sozial – ein wichtiger Fixpunkt für die ganze Familie.
- Essen Sie frische Kost, abwechslungsreich und vollwertig. Getreide, Obst und Gemüse enthalten viele wertvolle Inhaltsstoffe. Außerdem werden sie im Körper langsamer abgebaut als Weißmehlprodukte, sie verleihen langfristige Energie.

- Besonders wichtig für die Nervenzellen des Gehirns sind Omega-3-Fettsäuren in Kaltwasserfisch (Hering, Makrele, Lachs) und Phosphatidylserin in Eiern und Leber (diese wird wegen ihres Schadstoffgehalts nicht häufiger als alle 14 Tage empfohlen).
- Fast Food wie Burger, Döner oder Hotdogs, Snacks wie Kekse, Riegel oder Chips und Softdrinks machen dick und enthalten kaum Nährstoffe. Sie lassen den Zuckerspiegel im Blut abrupt ansteigen, diese Energie hält aber nicht lange vor, sondern bricht rasch wieder zusammen. Dann wird Ihr Kind müde. Wenn Sie diese bei Kindern besonders beliebten Produkte verbieten, werden sie nur begehrenswerter. Erklären Sie Ihren Kindern stattdessen, warum es wichtig ist, sich gesund zu ernähren und weshalb Fast Food die Ausnahme bleiben muss.
- Süßigkeiten sollten, wenn überhaupt, dann nur unmittelbar nach einem Essen gegessen werden, um die Bauchspeicheldrüse nicht zu belasten. Erziehen Sie Ihr Kind dazu, nicht ständig irgendwelche Kleinigkeiten zu essen und wenn, dann Obst.
- Achten Sie darauf, dass Ihr Kind in Ruhe frühstückt. Wenn es zu den Kindern gehört, die morgens (oder vor Schulaufgaben) einfach nichts hinunterbringen, dann sorgen Sie dafür, dass es wenigstens trinkt – am besten einen selbst gemachten Milchshake mit frischer Banane.
- Damit es den langen Schultag über fit bleiben kann, sollten Sie Ihrem Kind neben einem Vollkornbrot Obst, Gurken, Möhren und Tomaten mitgeben. Ein Joghurt oder ein Molkedrink liefert das nötige Eiweiß.
- Vereinbaren Sie mit Ihrem Kind, dass süßes Gebäck in der Pause die Ausnahme bleibt.
- Traubenzucker kann bei Prüfungen in der Schule helfen, weil das Gehirn unmittelbar die darin enthaltene Glukose verwerten kann. Er liefert jedoch nur kurzfristig Energie und ist kein Ersatz für vollwertiges Essen.
- Achten Sie darauf, dass Ihr Kind tagsüber genug trinkt, vor allem Wasser oder Apfelsaftschorle. Sprechen Sie mit der Lehrkraft, falls es in der Schule bisher nicht üblich war, während des Unterrichts zu trinken. Genügend Flüssigkeit ist wichtig, damit das Gehirn nicht »austrocknet«.
- Nahrungsergänzungsmittel sollten nur nach Absprache mit einem Arzt verabreicht werden.

Unterforderung schadet dem Gehirn genauso wie Überlastung. Das weiß jeder Pädagoge aus seiner täglichen Praxis. Ulrike Tullney, Englischlehrerin am Max-Planck-Gymnasium in Gelsenkirchen, erzählt zum Beispiel: »Montag ist besonders schlimm: Da vibrieren die Kinder geradezu vor Unruhe, weil sie am Wochenende nur rumgehangen haben oder ohne Ende ferngesehen. Wenn sie völlig unausgelastet sind, ist es schwierig, sie bei der Stange zu halten!«

Wenn das Gehirn zu wenig Anreize erhält, stört das den Botenstoffhaushalt: Das Erwartungssystem des Gehirns springt nicht an, es wird kein Treibstoff (Dopamin) für Aktivitäten zur Verfügung gestellt (siehe Seite 30). Wenn das Gehirn jedoch umgekehrt zu viele Eindrücke gleichzeitig verarbeiten soll, schaltet es ab.

Besonders gut arbeitet es deshalb, wenn es einen Wechsel von positiven Anreizen und Ruhephasen erlebt, in denen Kinder den Raum haben, ihren eigenen Gedanken nachzuhängen.

Der persönliche Rhythmus und die eigene Kreativität werden jedoch durch intensiven Medienkonsum beeinflusst. Gerade die intensiven optischen und akustischen Impulse, die von digitalen Medien ausgehen, können, wie Studien zeigen, den Lernstoff aus der Schule im Gehirn regelrecht überlagern. Der Hirnforscher und Psychiater Manfred Spitzer von der Universität Ulm warnt deshalb vor Fernsehen und Computer und empfiehlt Eltern, sie von ihren Kindern fernzuhalten. »Studien zeigen«, betont er, »dass bei Personen, die im Kleinkindalter schon viel ferngesehen haben, die intellektuelle Leistung bis ins Erwachsenenalter hinein beeinträchtigt ist!«

Digitale Medien haben intensiven Einfluss auf Kinder und Jugendliche: Zum einen lernen diese ein Aufmerksamkeitsmuster, das keine Prozesse und kein Abwarten mehr kennt, sondern von Reiz zu Reiz springt und sofort bedient werden will. Vielseher zum Beispiel dulden keine Bilder oder Sequenzen, die länger als acht Sekunden dauern – das aber ist eine kürzere Spanne als der Zeitraum, der notwendig ist, um einen komplizierten Satz zu verstehen.

Außerdem aber transportieren diese Medien, vor allem die audiovisuellen unter ihnen, auch starke Emotionen. Mit Gefühlen lassen sich Inhalte besonders gut vermitteln, doch im Schulunterricht fehlen sie in der Regel. Lehrer könnten mit Hollywood eben nicht konkurrieren, meint Spitzer: »Wer morgens in der Schule döst und wessen Pulsfrequenz nahe der Schlafgrenze liegt, der wird nichts lernen. Wer dann nachmittags Gewaltfilme oder Horrorvideos mit Pulsbeschleunigung betrachtet, der lernt die Gewalt besonders gut. Liegt der Jugendliche dann abends zu lange vor dem Fernseher, ist er morgens erst recht müde, und das Ganze geht wieder von vorne los.«

Einige Forscher, wie Christian Pfeiffer, Direktor des Kriminologischen Instituts Niedersachsen, vermuten sogar einen Zusammenhang zwischen Computer-Kampfspielen und real ausgelebtem Vandalismus oder Gewalt.

Andere Wissenschaftler relativieren diese Theorien. Forscher des Münchner Instituts für Medienpädagogik in Forschung und Praxis haben zum Beispiel herausgefunden, dass digitale Medien auf Kinder und Jugendliche nicht immer die gleiche Wirkung ausüben. Auch stimme der Schluss nicht, dass, wer viel vor dem Computer oder Fernseher säße, in besonderem Maße davon abhängig sei. Digitale Medien, so die Forscher, würden unabhängig von der Dauer ihrer Nutzung sehr differenziert und mit den verschiedensten Zielsetzungen genutzt.

Manche Kinder, ergab die Studie, ziehen sich mithilfe der Medien in eine Fantasiewelt zurück oder isolieren sich, andere suchen soziale Kontakte – manche im virtuellen Raum, für Chats oder gemeinsame Spiele, andere im realen Raum, als Briefpartner, für Arbeitsgruppen oder als Freunde. Manche, wenn auch die kleinste Gruppe, nutzen die Medien sogar dazu, sich einen eigenen Wissensraum zu schaffen. Das galt zum Beispiel für ein befragtes Mädchen, das »Japan« als Hobby hatte und sich im Internet alles darüber beschaffte, was es finden konnte.

Die Nutzung sagt natürlich auch etwas über die Wirkung der Medien aus. Wichtig in diesem Zusammenhang scheint, ob Kinder in ihrem Alltag ein Gegengewicht zur Kunstwelt der Medien haben. Je mehr reales Leben sie umgibt, desto weniger liefern sie sich Scheinwelten aus.

Hier liegt auch ein wichtiger Ansatzpunkt, wenn es darum geht, Kindern den Umgang mit Medien beizubringen. Nur wenn sie lernen, diese richtig zu nutzen, sind sie ihnen nicht ausgeliefert. Doch dazu müssen sie diese auch ausprobieren können.

Verbote helfen ohnehin nicht viel. Multimedia-Handys, mp3-Player, Internet und Computerspiele gehören zum Alltag der Kinder und Jugendlichen. Dabei ist das Fernsehen immer noch das wichtigste Leitmedium. Sechs- bis Neunjährige verbringen im Durchschnitt anderthalb Stunden täglich vor dem Fernseher, 14-Jährige sogar drei bis vier Stunden. Jeder sechste Jugendliche nutzt täglich den Computer.

Das sollte jedoch keinesfalls so weit gehen, dass Kinder einen eigenen Fernseher auf ihrem Zimmer haben und weitgehend unkontrolliert nutzen können. Die Hälfte der 13- bis 15-Jährigen, fand der Medienpädagogische Forschungsverbund Südwest heraus, hat bereits einen eigenen Fernseher. Unter den 16- bis 17-Jährigen sind es sogar 70 Prozent. Und selbst unter den Sechsjährigen besitzt fast jeder Vierte seinen eigenen Apparat.

Auch Computer sollten nicht zu früh in den Kinderzimmern stehen. Kinder sollten erst die reale Welt kennenlernen, bevor sie sich den dominanten Reizen der virtuellen unterwerfen. Sonst kann das Gehirn sich nicht voll entwickeln, zum Beispiel weil ihm die Bewegung und viele Sinneseindrücke fehlen, die ein Softwareprogramm nicht bieten kann.

Audiovisuelle Medieninhalte, so das Fazit, können Gelerntes aus dem Kurzzeitspeicher verdrängen und sie können den Schlaf stören. Es besteht sogar der Verdacht, dass die intensive Nutzung von Computerspielen durch Jungen mit dafür verantwortlich sein könnte, dass diese doppelt so oft wie Mädchen die Schule abbrechen, häufiger sitzen bleiben und schlechtere Noten haben. Doch diese Entwicklung allein auf die Mediennutzung zurückzuführen, wäre sicher zu simpel.

- Verbieten Sie Medienkonsum nicht, aber setzen Sie klare Regeln und zeitliche Grenzen.
- Seien Sie selbst Vorbild: Wenn in der Familie den ganzen Tag über der Fernseher läuft, dann sehen Kinder nicht ein, warum sie nicht auch zusehen sollen.
- Interessieren Sie sich für das, was Ihre Kinder konsumieren. Mit älteren sollten Sie ohne Vorurteile über deren Lieblingsprogramme ins Gespräch kommen. Interessieren Sie sich dafür, welche Idole die Medien Ihren Kindern liefern.
- Verbannen Sie den Fernsehapparat aus dem Kinderzimmer. Er hat dort nichts zu suchen.
- Achten Sie darauf, wie lange Kinder im Grundschulalter mit dem Computer spielen. Es sollte nicht länger als eine halbe Stunde täglich sein.
- Eine Stunde vor dem Einschlafen sollte Ihr Kind nicht mehr fernsehen oder Computer spielen, sondern etwas anderes tun, zum Beispiel lesen. Das beruhigt die Nerven.
- Schaffen Sie Ausgleich zu den audiovisuellen Reizen der elektronischen Medien durch alles, was Spüren, Tasten und Greifen fördert (Klettern, Basteln, Spielen, Sport).
- Nehmen Sie sich Zeit für Ihr Kind. Spielen Sie mit ihm oder unternehmen Sie gemeinsam etwas – diese Zeit ist wertvoller als alles andere, was Ihr Kind erlebt.
- Lernen Sie selbst, mit digitalen Medien umzugehen. Erwachsene haben oft keine Ahnung, was beim Surfen und in Chat-Rooms passiert oder welche Technik welche Möglichkeiten eröffnet.

So richtig faulenzen – das ist gar nicht so einfach. Moderne Kinder werden schnell zappelig, wenn vor ihren Augen kein Programm abläuft. Sie müssen erst lernen, zur Ruhe zu kommen, um die Entspannung des Nichtstuns zu spüren. In einer Hängematte oder in der Kuschelecke in einem Buch zu versinken ist etwas völlig anderes, als stundenlang vor dem Fernseher zu hängen oder mit einem Gameboy zu spielen. Doch man muss das erst einmal erfahren, um es schätzen zu können.

Ein vollgestopfter Stundenplan mit Unterricht, Zusatzstunden am Nachmittag, Nachhilfe und anderen Aktivitäten, dazwischen ständig Transporte von einem Ort zum anderen, lassen kaum mehr Raum für Ungeplantes. Es heißt zwar: Ohne Fleiß kein Preis. Doch umgekehrt kommt jede Kraft erst aus der Ruhe, und Erholung ist wichtig, um danach wieder etwas leisten zu können. Experimente haben zum Beispiel gezeigt, dass Kinder bei der Lösung von Aufgaben weniger Fehler machen, wenn sie Pausen einlegen – selbst wenn ihnen dabei die Ruhezeit von der Arbeitszeit abgeht.

Der Grund dafür: Die Zeitspanne, in der sich Kinder konzentrieren können, hängt vom Alter ab und ist begrenzt (siehe Seite 16 f.). Sechsjährige Kinder können sich zum Beispiel nur etwa 15 Minuten konzentrieren – dann sollten sie fünf Minuten Ruhe haben. Neunjährige schaffen bereits 20 Minuten, 12-Jährige eine halbe Stunde. Nach zwei bis drei kurzen Unterbrechungen ist für alle Kinder auf jeden Fall eine längere Ruhephase von etwa 20 Minuten nötig. Am besten machen Sie dann das Fenster auf und lüften oder lassen Ihre Kinder ins Freie und sich dort bewegen.

Portionierung verhindert deshalb eine Überforderung, wenn es um das tägliche Lernpensum geht. »Selbst das aufgeweckteste Gehirn kann nicht länger als drei Stunden wachsam sein«, gibt die Nürnberger Schulpsychologin

Agnes Böhme-Höring zu bedenken. »Gerade Eltern von Gymnasiasten machen oft den Fehler, ihre Kinder zu viel und zu lange und ohne Pause lernen zu lassen.« Dabei gehe das, was am Anfang gelernt wurde, oft wieder verloren. Psychologen empfehlen daher ein ausgewogenes Verhältnis von Schule, Hausaufgaben und Freizeit.

- Zeigen Sie Ihrem Kind, wie schön Ruhe und Pausen sein können. Kuscheln Sie zum Beispiel mit ihm in einer Sofaecke und erzählen Sie einander was.
- Spielen Sie in der Familie »Stille« – wer es am längsten aushält, nicht zu sprechen oder Lärm zu machen, ist Sieger. Danach darf dann auch laut gebrüllt werden!
- Planen Sie Pausen im Alltag gezielt ein – sonst werden freie Zeiträume durch irgendwelche Tätigkeiten zugedeckt.
- Helfen Sie Ihrem Kind, seine Arbeit richtig zu portionieren und achten Sie auf genügend Pausen.
- Wenn Ihr Kind sich nicht entspannen kann, machen Sie mit ihm ein entsprechendes Training (siehe Seite 102).

Eine gute Arbeitsatmosphäre

Weil Stimmungen und Gefühle so wichtig für den Denkprozess sind, lernt Ihr Kind auch am besten in einer Umgebung, in der es sich so richtig wohlfühlt.

Freizeit- und Arbeitsbereich sollten dabei auf jeden Fall getrennt sein.

Ein eigener Arbeitsplatz am selben Ort ist wichtig, selbst wenn kein Platz für ein eigenes Zimmer ist. Geschwister sollten in dieser Zeit woanders spielen. Ordnung hilft, sich auch innerlich zu sammeln. Sie verringert die Gefahr, dass sich das Kind ablenken lässt.

Bei der Arbeit sollte Ruhe herrschen. Die Frage, ob ein Kind, während es lernt oder seine Aufgaben erledigt, Musik hören darf, wird von Wissenschaftlern unterschiedlich beantwortet. Geräusche stören eindeutig die Hirnleistung, vor allem, wenn sie dieselben Sinne ansprechen – Musik zum Beispiel einen starken Textanteil besitzt. Ein instrumentelles Stück beeinträchtigt das Gehirn weniger. Bei Tätigkeiten, die monoton sind oder langweilig, kann Musik jedoch auch gute Laune machen und dadurch beflügeln. Musik, die als unangenehm empfunden wird, stört auf jeden Fall.

- Der Arbeitsplatz sollte hell sein, aber nicht direkt vor dem Fenster liegen, zumindest nicht so, dass der Blick nach draußen fällt – das lenkt ab.
- Schreibtisch und Stuhl müssen der Größe des Kindes entsprechen. Verlangen Sie von Ihrem Kind aber nicht, beim Arbeiten ständig still zu sitzen, solange es bei seiner Aufgabe bleibt. Bewegung (Stuhlkippeln, Aufstehen) hilft beim Denken (siehe Seite 62).
- Ordnung erleichtert das Arbeiten. Ein aufgeräumter Schreibtisch hilft, sich auf das Wesentliche zu konzentrieren. Materialien wie Papier, Stifte, Lineal oder Nachschlagewerke sollten griffbereit sein.
- Legen Sie mit Ihrem Kind einen Terminkalender an (siehe Seite 86 f.), das erleichtert den Überblick und verhindert Stress in letzter Minute!
- Kunstlicht macht müde: Wenn Sie eine künstliche Lichtquelle benötigen, verwenden Sie sogenannte Tageslicht-Leuchten. Ihr Lichtspektrum kommt dem natürlichen Sonnenlicht am nächsten.
- Farben beeinflussen die Psyche: Rot regt an, kann aber auch aggressiv machen. Blau und Grün beruhigen. Testen Sie verschiedene Farben!
- Ein Lieblingstee oder eine Duftlampe mit einem Lieblingsgeruch beruhigen die Sinne und führen zu einem angenehmen Raumklima.
- Schaffen Sie Bewegungsmöglichkeiten für die Pausen: ein Hüpfseil zum Beispiel oder ein Zimmertrampolin können die gestaute Energie entladen helfen und den Kopf wieder frei machen.
- Geschwister bleiben während des Lernens draußen!

Hausaufgaben sind wichtig. Sie dienen dazu, das in der Schule vermittelte Wissen einzuüben. Sie erinnern sich: Um in das Langzeitgedächtnis transferiert zu werden, muss ein Stoff oft wiederholt werden (siehe Seite 23). Eine andere wichtige Funktion der Hausaufgaben ist aber auch zu überprüfen, wie viel das Kind von dem Unterrichtsstoff verstanden hat und ob es das Gelernte selbstständig anwenden kann.

Wer aber setzt sich schon gerne nach einem anstrengenden Vormittag hin und fängt erneut an zu arbeiten? Der tägliche Kleinkrieg um die Frage der Hausaufgaben ermüdet Eltern und Kind, und nicht selten würden die Zeit und Energie, die dabei verloren gehen, schon reichen, um einen Großteil der Aufgaben zu erledigen.

Wie kann man diesem Dauerkonflikt entgehen?

Ein Tipp: Rituale verringern den Energieaufwand, sich ständig wieder neu zu motivieren. Führen Sie deshalb feste Zeiten zur Erledigung der Hausaufgaben ein – am besten gleich nach der Mittagspause. Mit leerem Magen zu lernen, bringt nichts, weil das Hungergefühl die Gedanken beherrscht. Zu schweres Essen ist jedoch auch kontraproduktiv, weil der Körper einen Teil des Blutflusses in den Magen-Darm-Trakt umleiten muss, dabei sinkt der Blutdruck. Das führt zu einer schlechteren Versorgung des Gehirns mit Sauerstoff und Glukose.

Studien haben gezeigt, dass die meisten Kinder am besten vormittags zwischen 9 und 11 Uhr und dann wieder zwischen 14 und 16 Uhr lernen, weil sie zu diesen Zeiten am konzentriertesten sind. Allerdings gibt es Ausnahmen: Eltern sollten auf die besten Zeitfenster für ihre Kinder achten. Jeder Mensch hat seine eigene Rhythmik.

Wichtig ist auch das richtige Verhältnis von Zuwendung und Abstand. Kinder benötigen Hilfe, aber sie müssen auch lernen, Eigenverantwortung zu übernehmen. Letzteres ist wichtiger, als dass die Aufgaben perfekt erledigt werden. »Entscheidend«, so der Beratungslehrer Detlef Träbert, »ist nicht, was Ihr Kind in der Schule als Hausaufgabe vorzeigt – entscheidend ist, was beim Arbeiten in seinem Kopf passiert!«

Das Marburger Konzentrationstraining, das bereits an über 10 000 Kindern erprobt wurde, arbeitet deshalb mit einem Programm der »Selbstinstruktion«, bei dem Kinder lernen, nach einer Phase der Entspannung ihr Arbeitspensum aufzuteilen und systematisch zu erledigen.

- Machen Sie Ihrem Kind zu Beginn seiner Arbeit Mut durch einen aufmunternden Blick! Es soll sehen, dass Sie wissen, dass es sich anstrengt. Danach lassen Sie es selbstständig arbeiten. Kontrollieren und stören Sie es nicht. Das Kind muss lernen, dass Erfolg und Misserfolg von seiner eigenen Leistung abhängen.
- Sprechen Sie mit ihm gemeinsam durch, was alles zu erledigen ist, und versuchen Sie herauszufinden, wo möglicherweise Probleme liegen. Helfen Sie Ihrem Kind, kompliziertere Aufgaben zu verstehen.
- Behalten Sie die Zeit im Auge. Erst- und Zweitklässler sollten insgesamt nicht mehr als 30 Minuten an Hausaufgaben arbeiten, Dritt- und Viertklässler höchstens 60 Minuten, Kinder bis zum sechsten Schuljahr 90 und ältere maximal 120 Minuten. Falls Ihr Kind diese Zeiten immer wieder überschreitet, sollten Sie mit der Lehrkraft sprechen und nach den Ursachen fahnden. Es gibt natürlich Ausnahmen, die mehr Arbeit erfordern, zum Beispiel die Vorbereitung auf das Abitur.
- Üben Sie mit Ihrem Kind, ein Hausaufgabenheft zu führen. Darin sollten nicht nur die in der Schule erhaltenen Aufgaben verzeichnet sein. Das Kind kann dort auch die Reihenfolge festlegen, in der es die Arbeiten erledigen will. Sie können es spielerisch schätzen lassen, wie viel Zeit es pro Fach benötigen wird, und hinterher gemeinsam mit ihm überprüfen, ob es sich richtig eingeschätzt hat.

- Achten Sie auf Pausen! Unterteilen Sie kompliziertere Aufgaben in einzelne Blöcke, die je nach Alter 20 bis 40 Minuten nicht überschreiten sollten.
- Sehen Sie sich die Aufgaben an, wenn Ihr Kind fertig ist. Sie sollten Ihr Kind aber nicht direkt auf seine Fehler aufmerksam machen, sondern es selbst suchen lassen. Während der Therapie von ADS-Kindern zeigte sich, dass der Lernerfolg sich deutlich verbesserte, wenn diese die Chance bekamen, sich selbst zu korrigieren. Geben Sie höchstens Hilfestellungen wie »der Fehler liegt im ersten Abschnitt« oder »bei der dritten Aufgabe«. Kinder müssen lernen, die Qualität ihrer Arbeit selbst einzuschätzen.
- Nach den Aufgaben sollte die Schultasche für den nächsten Tag gepackt werden. Fertig!

Lob und Motivation

Konzentration ist Arbeit. Um sich immer wieder neu zu motivieren, müssen Kinder die Erfahrung machen, dass es sich lohnen kann, sich anzustrengen, Hindernisse zu überwinden, Misserfolge einzustecken. Das ist nicht leicht in einer Gesellschaft, die vielfach auf Konsum und schnelle Befriedigung der Bedürfnisse ausgerichtet ist. Eltern sind hier in besonderem Maße gefordert: Sie müssen ihren Kindern schon lange vor dem Beginn der Schule beibringen, mit diesem Überfluss sinnvoll umzugehen, und ihnen Werte vermitteln, für die es sich einzusetzen lohnt.

Dazu müssen Sie als Eltern sich darüber klar werden, welche Erziehungsziele Sie haben. Autorität auszuüben verlangt von Ihnen, Vorbild zu sein und Ihren Kindern Ziele zu setzen, die diese auch erreichen können. Das ist besonders wichtig angesichts eines Schulsystems, das individuellen Fähigkeiten zu wenig gerecht wird. Die Pisa-Debatte hat dies deutlich gemacht, und die individuelle Förderung jedes einzelnen Kindes soll in Zukunft wieder stärker in den Mittelpunkt der Bemühungen treten.

Doch bis es so weit ist, müssen Sie in der Familie ein starkes Gegengewicht zum Leistungsdruck der Schule bilden! Vermitteln Sie Ihren Kindern, dass jedes Einzelne eine ganz eigenständige Persönlichkeit ist, mit ihren eigenen Schwächen, aber auch mit vielen Stärken und Talenten.

Kinder brauchen vor allem immer wieder Anerkennung. Denken Sie an die Macht, die das Belohnungssystem auf die Fähigkeit hat, sich zu erinnern und sich zu konzentrieren (siehe Seite 32f.). Sparen Sie deshalb nicht mit Lob. Wenn Ihr Kind zum Beispiel schlecht in Französisch ist, kann es sein Selbstvertrauen auch dann stärken, wenn Sie seine Leistungen im Basteln oder Sport beachten und schätzen.

Ein Lob ist etwas ganz anderes als eine Prämie. Ein Lob bringt Ihr Kind dazu, auf sich selbst stolz zu sein. Das motiviert in viel größerem Maße, als wenn Sie ihm eine Belohnung für seine Leistung versprechen.

- Stärken Sie das Selbstvertrauen Ihres Kindes. Ermöglichen Sie ihm Erfolgserlebnisse, etwa beim Sport, beim Basteln, bei Aufgaben im Haushalt.
- Helfen Sie ihm, selbstständig zu werden. Kinder, denen ständig alles abgenommen wird, trauen sich bald nichts mehr selbst zu.
- Loben Sie, wenn etwas gelingt. Was zählt, ist weniger das konkrete Ergebnis als das Bemühen.
- Sprechen Sie mit ihm darüber, was Verantwortung bedeutet. Machen Sie Ihrem Kind klar, dass der Erfolg beim Lernen mehr von ihm selbst abhängt als von äußeren Faktoren.
- Fördern Sie die Neugierde bei Ihrem Kind – mit Ausflügen, Museumsbesuchen, Erzählungen, Reisen.
- Setzen Sie klare Grenzen: Die Fähigkeit, Bedürfnisse zurückzustellen, ist eine wesentliche Voraussetzung für leistungsorientiertes und konzentriertes Arbeiten und Lernen!

Überforderung vermeiden

Wenn Ihr Kind in der Schule zu sehr belastet wird, nützt die beste familiäre Umgebung nichts, um dieses Defizit auszugleichen. Es kann aber auch sein, dass andere Faktoren den Unterricht zur Qual machen: eine ungerechte Lehrkraft, Mobbing in der Klasse, ein überfrachteter Stundenplan. Solche Stresssituationen können zu massiven Konzentrationsstörungen führen.

- Überfordern Sie Ihr Kind nicht, sondern machen Sie sich – auch im Gespräch mit anderen Mitgliedern der Familie oder Pädagogen – ein realistisches Bild von seinen Fähigkeiten und seinem Leistungsstand.
- Sprechen Sie mit anderen Eltern, ob deren Kinder ähnliche Probleme haben, und fragen Sie, welche Erklärungen dort gefunden wurden.
- Nehmen Sie mit der Lehrkraft Kontakt auf und erkundigen Sie sich nach dem Verhalten Ihres Kindes im Unterricht.
- Wenn all das noch keine Lösung bringt, suchen Sie einen Schulpsychologen auf.
- Und vor allem: Sprechen Sie mit Ihrem Kind! Zeigen Sie Interesse an seinen Sorgen und versuchen Sie herauszufinden, was ihm den Unterricht vergällt und wie man das ändern könnte!

Checkliste der Störfaktoren

Der Pädagogikexperte Detlef Träbert, Vorsitzender der Aktion Humane Schule, hat eine Checkliste für Eltern erarbeitet, mit deren Hilfe sie Risikofaktoren für Konzentrationsstörungen ermitteln können. Hier ein Auszug daraus:

	trifft zu	unklar	trifft nicht zu
1. Mein Kind musste kürzlich umziehen.	☐	☐	☐
Die Beziehung zwischen uns Eltern ist gespannt.	☐	☐	☐
Wir haben uns getrennt.	☐	☐	☐
Mein Kind hat einen anderen Wechsel der Bezugspersonen erlebt.	☐	☐	☐
Es gibt Spannungen zwischen uns und dem Kind.	☐	☐	☐
Es gab eine schwere Erkrankung oder einen Todesfall in der Familie.	☐	☐	☐
Es hat ein anderes Trauma zu verarbeiten.	☐	☐	☐
2. Mein Kind hat als Baby viel Hektik erlebt.	☐	☐	☐
Für das Stillen und Füttern war meistens zu wenig Ruhe.			
In unserer Familie ist Zeit knapp.	☐	☐	☐
Ordnung und Aufräumen sind uns genauso wichtig wie Spielen.	☐	☐	☐
3. Mein Kind isst täglich mindestens 30 Gramm Süßigkeiten.	☐	☐	☐
Es trinkt mehr als ein Glas Softdrink oder Saft am Tag.	☐	☐	☐
Es isst häufiger Fertigprodukte und Fast Food als Vollwertiges, Gemüse und Obst.	☐	☐	☐
Es hat Übergewicht.	☐	☐	☐
Es bewegt sich zu wenig.	☐	☐	☐
Es hat einen eigenen Fernseher im Kinderzimmer.	☐	☐	☐
Es ist morgens oft noch müde.	☐	☐	☐
4. Mein Kind verbringt mehr Zeit vor dem Fernseher und Computer als mit freiem Spiel und Bewegung.	☐	☐	☐
Es beschäftigt sich regelmäßig mit mindestens drei Bildschirmmedien (TV,Video, DVD, Gameboy/Spielekonsole, PC).	☐	☐	☐
Es spielt kaum Spiele, die Bewegung, Sinneswahrnehmung oder Merkfähigkeit herausfordern.	☐	☐	☐
Es hat kaum Gelegenheit, im Freien zu toben.	☐	☐	☐

	trifft zu	unklar	trifft nicht zu
5. Mein Kind ist in der Pubertät.	☐	☐	☐
Es ist launisch und zeigt Stimmungsschwankungen.	☐	☐	☐
Es gibt viele typische Pubertätskonflikte.	☐	☐	☐
Mein Kind sieht derzeit keinen Sinn in der Schule.	☐	☐	☐
6. Mindestens ein Elternteil hat viel Stress.	☐	☐	☐
Mindestens ein Elternteil hat oder hatte früher Probleme, sich zu konzentrieren.	☐	☐	☐
Das Familienleben ist ziemlich hektisch.	☐	☐	☐
Mein Kind hat mehr als zwei regelmäßige Verpflichtungen neben den schulischen Pflichten.	☐	☐	☐
7. Ich muss oft sagen: »Trödel nicht!« oder »Mach lieber was Vernünftiges!«	☐	☐	☐
Ich finde, Hausaufgaben sollten so perfekt wie möglich sein, auch wenn ich helfen muss.	☐	☐	☐
Wenn mein Kind Langeweile hat, beschäftige ich mich mit ihm oder mache Vorschläge.	☐	☐	☐
8. Mein Kind empfindet die Hausaufgaben als langweilig.	☐	☐	☐
Es bekommt fast nur Übungsaufgaben auf.	☐	☐	☐
Es gibt keine kreativen Aufgaben, bei denen gebastelt, recherchiert oder etwas mitgebracht werden soll.	☐	☐	☐
Es fehlen Anschauungshilfen für die Hausaufgaben.	☐	☐	☐
9. Ich mache mir Sorgen wegen der schulischen Leistungen.	☐	☐	☐
Ich halte es für wichtig, dass mein Kind eine bestimmte Schullaufbahn absolviert.	☐	☐	☐
Die Schule nimmt keine Rücksicht auf die Probleme meines Kindes.	☐	☐	☐
Es gibt Lehrer, die sagen, wer nicht mitkomme, solle die Schule wechseln.	☐	☐	☐
Der Stoffdruck ist enorm.	☐	☐	☐
Mein Kind hat regelmäßig Nachhilfe.	☐	☐	☐
Es macht eine Therapie (Ergo-, Lern-).	☐	☐	☐

	trifft zu	unklar	trifft nicht zu
10. Mein Kind hat gelegentlich Bauchweh oder Übelkeit, wenn es in die Schule soll.	☐	☐	☐
Es schläft oder träumt schlecht.	☐	☐	☐
Es hat Angst vor Tests oder Abfragen.	☐	☐	☐
Es hat Angst vor Mitschülern oder Lehrern.	☐	☐	☐

Quelle: Detlef Träbert: Was tun? So lernt mein Kind ganz konzentriert.
AOL Verlag Frohmut Menze GmbH, Lichtenau.

Aussagen, die voll zutreffen, zeigen Ihnen, wo im Leben Ihrer Kinder schlechte Ausgangsbedingungen für Konzentrationsfähigkeit vorliegen. Wenn die Ursachen dafür in der Vergangenheit liegen, benötigen Sie vielleicht Unterstützung durch eine psychologische oder Erziehungsberatung. Fragen Sie Ihren Schulpsychologen!

Wenn Sie sich in einzelnen Punkten nicht sicher sind und »unklar« angekreuzt haben: Versuchen Sie, sich ein genaueres Bild zu machen, indem Sie mit weiteren Bezugspersonen Ihres Kindes sprechen (Geschwistern, Lehrern).

Wunder dauern bekanntlich etwas länger – doch mit der richtigen Strategie können Sie selbst schon innerhalb einer Woche die Konzentration Ihres Kindes kurzfristig verbessern – zum Beispiel vor einer Schulaufgabe oder einer anderen wichtigen Prüfung.

Wichtig ist dabei, dass Sie Ihr Kind nicht überfordern, sondern Sie sich gemeinsam realistische Ziele setzen. Wenn Ihr Ehrgeiz zu hoch ist, sind Enttäuschungen vorprogrammiert und Sie erreichen das Gegenteil von dem, was Sie vorhatten – Ihrem Kind zu helfen.

In diesem Kapitel geht es vor allem darum, Ihnen einige Eckdaten für diese Zielsetzung zu liefern. Was können Sie kurzfristig tun – für die nächste mündliche Prüfung? Was mittelfristig, damit Ihr Kind wieder Spaß daran hat, am Unterricht teilzunehmen? Und was muss sich im Leben Ihres Kindes grundsätzlich ändern, um langfristig zu verhindern, dass es in der Schule zurückbleibt?

Im danach folgenden Kapitel finden Sie dann konkrete Tipps und Übungen, um die Konzentration zu stärken.

Schneller Aktionsplan für eine Woche

Panik abbauen, Arbeit organisieren, gute Lernbedingungen schaffen – das sind die wichtigsten Punkte, um einen ersten Schritt in Richtung besserer Konzentration zu tun:

- Fangen Sie beim **Arbeitsplatz** an: Ist er ruhig und hell genug? Gibt es Störfaktoren? Schaffen Sie gemeinsam mit Ihrem Kind Ordnung in und auf dem Schreibtisch.

- Helfen Sie Ihrem Kind, sich beim Lernen zu organisieren. Verschaffen Sie sich einen Überblick über den **Lernstoff**. Hat Ihr Kind alles Wichtige notiert? Sind alle notwendigen Bücher und Arbeitsmaterialien vorhanden? Welche Prüfungen stehen an?
- Erstellen Sie gemeinsam mit Ihrem Kind eine Liste dessen, was es in dieser Woche schaffen muss! Setzen Sie mit ihm gemeinsam **Prioritäten**: Was ist am wichtigsten?
- Üben Sie mit Ihrem Kind, wie man **Aufgaben** bearbeitet: Fragen Sie sich gemeinsam: Was ist der Sinn dieser Aufgabe? Was soll das Kind damit beweisen? Wie viel Zeit hat es für die Lösung? Kennt es diese Fragestellung schon? Wie hat es sie damals bearbeitet? Gelöst? Welche Gemeinsamkeiten gibt es? Welche Unterschiede? Wie könnte der Lösungsweg aussehen? Gibt es Alternativen? Dauern sie unterschiedlich lange? Was tut man, wenn man in einer Sackgasse gelandet ist? Den Fehler suchen? Wiederholen oder nach einem anderen Weg suchen? Wie findet man heraus, was das Beste ist?
- Vereinbaren Sie einen **Zeitplan**: Wie viel Zeit sollte Ihr Kind mit einem bestimmten Fach verbringen? Macht es ausreichend Pausen während des Lernens? Wann lernt es nach eigener Einschätzung am besten? Gleich nach dem Essen? Lieber später am Nachmittag? Oder sogar am Abend?
- Überprüfen Sie gemeinsam mit Ihrem Kind das **Ergebnis** der täglichen Arbeit. Es soll selbst einschätzen lernen, ob es erfolgreich war.
- Reduzieren Sie in der Woche vor einer wichtigen Prüfung den **Medienkonsum** auf ein Minimum!
- Sorgen Sie für ausreichend **Schlaf** und regelmäßige **Mahlzeiten**. Während der Arbeit muss Ihr Kind viel trinken!
- Unternehmen Sie etwas Nettes, **Entspannendes**: Am letzten Tag vor der Schulaufgabe sollte nicht mehr gepaukt werden!

Mittelfristiger Aktionsplan für einen Monat

Die Fähigkeit, sich zu konzentrieren, ist nicht nur für die Schule wichtig, sondern auch für das weitere Leben. Viele

Ansatzpunkte, sie zu verbessern, liegen in der Alltagsorganisation. Hier können Sie ansetzen, um mittelfristig, etwa innerhalb eines Monats, etwas zu verändern.

Wichtigstes Ziel: Es muss mehr Ordnung in das Leben Ihres Kindes kommen!

Eine gute Vorbereitung ist dabei die halbe Arbeit. Machen Sie sich deshalb einen Plan, der Ihnen – jenseits Ihrer gefühlsmäßigen Einschätzung – einen objektiven Überblick über den Alltag Ihres Kindes gibt. Viele Eltern sehen ihren Sohn oder ihre Tochter tagsüber nicht, weil die gesamte Familie einen vollen Stundenplan hat – und haben deshalb auch gar keine richtige Vorstellung, was diese alles leisten müssen. Sie können aber nur dann etwas wirklich verbessern, wenn Sie alles im Blick haben.

- Schreiben Sie als Erstes einen **Zeitplan**, was Ihr Kind während einer Woche alles zu tun hat: Wann ist es in der Schule? Wann hat es eventuell Nachhilfe, Musikunterricht oder Sport im Verein? Wie viel Zeit bleibt für die Hausaufgaben? Wie lange kann es schlafen? Wann wird gegessen? Wann gespielt?
- In einem zweiten Schritt markieren Sie rot, in welchen Bereichen es trotz guter Vorsätze immer wieder zu **Zeitkonflikten** kommt: Bleibt morgens keine Ruhe für das Frühstück, weil Ihr Kind im Badezimmer trödelt? Geht es immer später ins Bett? Gibt es regelmäßig Streit, weil es fernsehen will, die Hausaufgaben aber noch nicht gemacht sind? Kommt es regelmäßig zu spät?
- Dritter Schritt: Malen Sie nun ein großes Minus vor diejenigen **Tätigkeiten und Aufgaben**, denen Ihr Kind gezielt oder unbewusst **ausweicht**: Hat das Meerschweinchen wieder kein Futter bekommen? Ist der Turnbeutel erneut verloren gegangen? Das Bett trotz Versprechen nicht gemacht?
- Viertens: Kennzeichnen Sie mit einem großen Plus, was Ihre Tochter oder Ihr Sohn **gerne tut**! Wer oder was schafft es, Ihre nervöse Nervensäge in ein hingebungsvolles, ruhiges und glückliches Kind zu verwandeln? Was macht ihm einfach immer Spaß?

Eine solche Bilanz wird Sie verblüffen: Auch wenn Sie glauben, eigentlich alles von Ihrem Kind zu wissen, so wird plötzlich vor Ihren Augen ein überraschend klares Bild davon entstehen, wo es im Alltag »hakt«. Wo kommt es zu Zeitstress, der eigentlich überflüssig ist? Macht es sich Ihr Kind gerne leicht, beschäftigt es sich vor allem mit Dingen, die ihm keinerlei Anstrengung abverlangen? Wie geht es mit Frustrationen um? Zieht es sich aus jeder Verantwortung heraus?

- Schreiben Sie nun auf eine zweite Liste **drei Ziele** auf, die Sie gemeinsam mit Ihrem Kind festlegen: Was sollte sich im Leben Ihres Kindes ändern? Versuchen Sie es zunächst mit den kleinen, naheliegenden Dingen – wenn Sie die Ziele zu hoch stecken, ist die Gefahr groß, dass Sie und Ihr Kind scheitern. Praktikable Ziele sind zum Beispiel: Zeit für ein regelmäßiges Frühstück. Das Zimmer aufräumen, bevor die Hausaufgaben gemacht werden. Ein Zeitlimit für das Fernsehen.

Nach 14 Tagen Probezeit wird der Plan von Eltern und Kind gemeinsam auf seine Tauglichkeit hin überprüft und vielleicht auch korrigiert. Wenn zu wenig Zeit zum Spielen und Erholen übrig bleibt, müssen die Aufgaben neu überdacht werden.

Wichtig ist, dass die Regeln klar sind und ohne Probleme eingehalten werden können. Und dass Sie konsequent bleiben: Ihr Kind muss seine Aufgaben erledigen, bevor es sich anderen Dingen zuwenden darf. Wenn es alles geschafft hat, braucht es aber auch Lob und Anerkennung.

Langfristige Strategie: In einem halben Jahr

Im Grunde geht es bei der Konzentration, das haben wir im ersten Kapitel gesehen, um mehr als um einen Vorgang der Aufmerksamkeit. Es geht um eine Haltung zum Leben, um

Zuwendung, Verlässlichkeit, Interesse, Anteilnahme. Solche Werte lassen sich nicht kurzfristig einüben, sondern sie müssen längerfristig vermittelt, aufgebaut und entwickelt werden.

Ein langfristiger Plan für bessere Konzentration enthält also – auf der Basis dessen, was bisher genannt wurde – vor allem grundsätzliche Erziehungsziele:

- Überlegen Sie sich, was Ihr Kind alles **konsumiert**. Dazu zählen Drogen und Medien genauso wie Fast Food, Spielzeug oder »Klamotten«. Versuchen Sie, den Wunsch nach ständig Neuem zu thematisieren.
- Kinder müssen lernen zu **warten** und **Bedürfnisse aufzuschieben**. Mit den Kleineren können Sie zum Beispiel ein »Spielzeug der Woche« ausmachen und die anderen dazwischen wegräumen. Die Größeren lernen anhand des Taschengeldes, sich einzuschränken. Wenn die Handykarte abgelaufen ist, kann sie eben eine Weile nicht erneuert werden. Impulskontrolle zählt zu den wichtigen Eckpfeilern der Konzentration.
- Achten Sie auf **Pünktlichkeit** und **soziales Verhalten** wie Teamgeist oder Rücksichtnahmen gegenüber Schwächeren. Erwachsenwerden bedeutet auch, Impulsivität zu bremsen.
- Erziehen Sie Ihr Kind zur **Verantwortung**, sich selbst und anderen gegenüber. Dazu zählen auch Pflichten im Haushalt, gegenüber Geschwistern oder Haustieren. Ihr Kind könnte auch Mitglied in einem Streitschlichter-Team werden oder in einer Umweltgruppe.
- Schaffen Sie **klare Strukturen und Regeln** im Alltag, an die sich alle in der Familie halten.
- Fördern Sie das **Lesen**, wo immer Sie können. Es ist die anregendste und gleichzeitig fesselndste Tätigkeit für das Gehirn Ihrer Kinder (siehe Seite 91).

Das Gehirn ist kein Automat, sondern lebendig und lernfähig. Es lässt sich ein Leben lang beeinflussen. Egal, ob Kleinkind, Schüler, Student, Berufstätiger oder Rentner – man kann deshalb auch immer etwas für eine bessere Konzentration tun.

Das erreichbare Ziel hängt allerdings vom Alter ab: Während ein Sechsjähriger schon darauf stolz sein kann, wenn er sich 15 Minuten lang konzentriert, so sollte ein 16-Jähriger durchaus das Dreifache der Zeit durchhalten.

Was aber kann man konkret tun, um die Konzentrationsfähigkeit zu trainieren?

Auch wenn es dafür viele simple Übungen gibt, so ist die Antwort auf diese Frage nicht einfach, sondern komplex. Denn die Aufmerksamkeit hat keinen bestimmten Ort im Gehirn, auf den man gezielt einwirken könnte. Sich zu konzentrieren hat auch nichts mit Pauken zu tun, es ist ihm aber förderlich.

Die richtige Konzentration scheint voller Widersprüche: Sie kostet Kraft, kann aber auch Energie liefern. Man muss dafür gespannt sein, aber auch entspannt. Das Drumherum soll verdrängt werden, aber nicht vergessen. Wir wollen logische Prozesse fördern, kommen dabei jedoch ohne Emotionen nicht weiter. Das Fokussieren einer Sache ist Voraussetzung für das Lernen, garantiert es aber noch lange nicht.

Weil sich zu konzentrieren nur zum Teil ein bewusster Vorgang ist, lässt sich dieser besonders gut spielerisch einüben. Spielen ist die natürlichste und erste Form der Konzentration, die Kinder von sich aus lernen. Wenn Kinder spielen, sind sie so auf ihre Handlung fokussiert, dass sie die Welt um sich herum kaum wahrnehmen.

Konzentration hat dabei zunächst keinen Zweck, sie ist

»autotelisch«, sich selbst genug – wenn ein Kind zum Beispiel versucht, so oft wie möglich über ein Seil zu springen. Autotelische Handlungen finden wir auch bei Gesellschaftsspielen wie Schach, Monopoly oder Trivial Pursuit. Dieser Selbstbezug ermöglicht es uns, eine Parallelwelt zu schaffen, die ganz allein für sich steht. Kinder entwickeln so Fantasie und sie versinken in ihr – eine Form der Konzentration. In diesem Alter fokussieren Kinder zwar nur das, was sie als lustvoll und befriedigend empfinden. Aber vor diesem Erfahrungshintergrund können sie später auch die gezielte Aufmerksamkeit lernen.

Deshalb finden konzentrationsgestörte Kinder über das Spiel oft zurück in die Ruhe, die ihnen fehlt. Spiele, so der Ulmer Psychologe Helmut Weyhreter, vermitteln nicht nur Strategie und Taktik, sondern auch noch ganz andere Werte, die wichtig für die Konzentration sind: Das Kind lernt zu warten, bis es an die Reihe kommt. Es muss Bedürfnisse aufschieben und Impulse kontrollieren lernen. Wenn es gewinnen will, muss es den Spielverlauf beobachten und sein eigenes Handeln danach ausrichten. Es benötigt Ausdauer, um bis zum Ende des Spiels durchzuhalten – erst recht, wenn sich abzeichnet, dass es nicht gewinnt. Und es lernt, mit Regeln umzugehen und sie einzuhalten.

Spiele aktivieren darüber hinaus die Sinne, und je mehr davon angesprochen werden, desto wacher wird das Gehirn und desto nachhaltiger nimmt es Informationen auf. In diesem Kapitel finden Sie viele Ideen für Konzentrationsspiele, begleitet von Hinweisen auf Entspannungsübungen, die hilfreich und unterstützend sein können.

Vorlesen und lesen lassen

Lesen fördert die Konzentrationsfähigkeit wie keine andere kognitive Tätigkeit. Es ist eine Grundvoraussetzung für alles Lernen und Verstehen.

Beim Lesen verbinden wir Denken und Sprechen. »Wir eilen als Lesende dem Lesen voraus«, so die Pädagogik-Expertin Dagmar Wilde. »Wir stellen Vermutungen an. Wir verwerfen sie oder sehen sie bestätigt.«

Das gilt auch für das Zuhören: Kleine Kinder kennen den Zauber der Worte. Deshalb sind sie süchtig darauf, vorgelesen zu bekommen, und wollen sogar die gleiche Geschichte immer wieder hören. Abkürzen geht nicht: Abweichungen werden sofort bemerkt. Denn jedes Wiedererkennen ist ein kleines Erfolgserlebnis!

Leider lesen nur noch 25 Prozent der Eltern ihren Kindern unter zwölf Jahren etwas vor. Dabei zeigen Studien, dass eine regelmäßige Gute-Nacht-Geschichte viel stärker zum Selberlesen motiviert als ein technisches Medium. Und alles, was das Lesen fördert, stärkt auch die Konzentration. Kinder verstehen Sätze übrigens besser mit dem rechten Ohr, weil das mit dem gegenüberliegenden Sprachzentrum im Gehirn verschaltet ist.

Vorlesen, aber natürlich auch Lesen selbst, beflügelt die Fantasie, es führt zu inneren Bildern. Gleichzeitig fördert es die sprachliche Entwicklung. Wer liest oder vorgelesen bekommt, muss Wissen aktivieren, um die Bedeutung des Textes zu entschlüsseln. Die optische Wahrnehmung der Schrift löst eine Reihe kognitiver Prozesse aus – wir tauchen ein in Töne, Stimmungen, Logik des Satzbaus, Vorwissen.

Lesen bedeutet dabei nicht nur das flüssige Aussprechen von Buchstabenfolgen: Es ist äußerlich gelenktes Denken. Wer einmal lesen gelernt hat, gibt also nicht nur wie ein Anfänger das Klangbild der Buchstaben und Silben wieder, sondern er denkt. Nur bei komplizierten oder besonders wichtigen Textstellen hilft es dem Verständnis, zusätzlich laut oder leise die Worte nachzusprechen.

Kinder sollten also auch die Möglichkeit haben, alleine und still zu lesen, ohne irgendeinen Zwang wie Vorlesen oder Buchstabieren. Denn wenn sie das tun, dann assoziieren sie Bilder und Bedeutungen, das ist ein ganz anderer Prozess, als wenn sie Wort für Wort laut vorlesen. Assoziationen aber sind für jeden Denkvorgang wichtig. Sie kennen das: Man erinnert sich zunächst nur vage an etwas, ausgelöst durch einen Impuls, der mit der Sache direkt gar nichts zu tun hat. Danach erst entsteht der ganze Zusammenhang im Kopf.

- Lesen Sie Ihren Kindern regelmäßig vor – ab dem Alter von zweieinhalb Jahren. Machen Sie daraus ein Ritual, das die Kinder lieben werden. Hören Sie nicht damit auf, bevor Ihre Kinder selbst lesen.
- Zeigen Sie Ihren Kindern, wie man sich Texte vom Verständnis her erarbeitet, in ruhiger Umgebung, mit Markern, Papier und Bleistift.
- Lesen hat auch eine ganz andere Seite: Erlauben Sie Ihren Kindern nach dem Lernen, dass sie sich mit Abenteuerromanen und ähnlich spannender Lektüre in Nischen, Leseecken und unter den Tisch in ihre eigene Fantasiewelt zurückziehen.

Auswendig lernen, memorieren und vortragen

»Leider«, sagt der Magdeburger Lernforscher Henning Scheich, »hat man bei uns in der Schule aufgehört, Gedichte abzufragen. Texte auswendig zu lernen schult nämlich die Konzentration ungemein.«

Auch Pädagogen plädieren wieder fürs Auswendiglernen, weil es das Textverständnis und die Konzentration fördert. »To know it by heart«, heißt dieses Memorieren im Englischen: Es mit dem Herzen kennen. Dem kommt im Deutschen der Ausdruck »verinnerlichen« wohl am nächsten. »Wir hören innerlich zu«, sagt Scheich. »Und wir trainieren dabei auch unser visuelles Gedächtnis.«

Das Gehirn nämlich lässt sich am besten in Schwung bringen, wenn möglichst viele Sinne von einem Reiz angeregt werden, weil dann viele Nervenpfade gleichzeitig aktiviert werden (siehe Seite 14 f.). Deshalb hilft es zum Beispiel auch beim Vokabelnlernen, wenn man die Wörter hinschreibt und sich gleichzeitig laut vorspricht.

Außerdem nehmen wir die Wörter in einem Zusammenhang wahr, an den wir uns später leichter erinnern als an ihre abstrakte Form. Deshalb bleiben Gedichte, einmal im Gedächtnis verankert, häufig ein Leben lang präsent. Das gilt auch für Liedtexte, wenn also Wörter mit Tönen verbunden werden. Nicht ohne Grund lernen Kinder den Einstieg in eine Fremdsprache oft über Lieder, die sie auswendig lernen und nachsingen.

Hier einige Tipps für spielerische Übungen:

- Lernen Sie mit Ihrem Kind Texte auswendig. Je nach Alter können das Kinderlieder oder Gedichte sein, Popsongs oder Rap-Rhythmen. Ein Tipp sind die jungen Dichter und Denker (www.jungedichterunddenker.de), Schüler, die deutsche Klassik rappen.
- Bei Kindern beliebt sind Wortschlangen wie »Ich packe meinen Koffer und nehme ... mit«. Jeder Spieler muss einen neuen Gegenstand einpacken, ohne dabei die anderen zu vergessen.
- Erzählen Sie Ihrem Kind eine Geschichte und lassen Sie diese dann nacherzählen.
- Besonderen Spaß macht es, Geschichten in der Gruppe weiterzuspinnen, sich dabei komplizierte Handlungen auszudenken und den Faden trotzdem nicht zu verlieren.

Musik hören und spielen

Musik verstehen viele Eltern nur als kulturelle Technik, doch sie ist viel mehr. Sie hat sehr viele positive Einflüsse auf die kognitiven Fähigkeiten Ihres Kindes. Man vermutet, dass Musizieren die Koordination und Verschaltung der beiden Hirnhälften intensiviert. Dazu tragen besonders Instrumente bei, bei denen man mit den Händen unterschiedliche Rhythmen einhalten muss, zum Beispiel ein Klavier oder Trommeln. Lernexperten raten deshalb, jedes Kind ein Instrument lernen zu lassen, auch wenn es keine besondere Begabung dafür an den Tag legt. Der beste Zeitraum dafür beginnt bereits im Vorschulalter. Nach der Grundschule tun sich Kinder schwerer, ein Instrument zu erlernen.

- Führen Sie Ihr Kind an Musik heran. Besuchen Sie mit ihm ein Kindermusical oder eine für Kinder spannende Oper (Hänsel und Gretel, Die Kluge) oder ein Konzert (Peter und der Wolf).
- Hören Sie mit Ihrem Kind ein Musikstück nach seiner Wahl und bitten Sie es, so lange es irgendwie geht, nur einem einzigen der Instrumente zu folgen, zum Beispiel der Trompete. Danach wechseln Sie das Instrument.
- Lassen Sie Ihr Kind ein Instrument lernen oder schicken Sie es in einen Chor. Eine einfache Blockflöte kostet nur etwa 20 Euro. Auch die Kombination von Hören und Bewegen im Ballettunterricht schärft die Koordination und Konzentration.

Schreiben und Zeichnen

»Schrift ist Ordnung, eine feine differenzierte Ordnung, die aus Buchstaben, Regeln und Syntax besteht.« Nicht nur der Kinderpsychologe Wolfgang Bergmann hält Schreiben deshalb für eine der wichtigsten Übungen, wenn es um Konzentration geht: »Bei mangelnder Beherrschung von Schrift fallen zentrale Ordnungselemente weg. Ein Kind bleibt desorientiert und seiner eigenen Kultur teilweise entfremdet.«

Während wir schreiben, üben wir konzentriertes Hören.

Mit dem Hören trainieren wir gleichzeitig das visuelle Gedächtnis, indem wir uns innere Bilder der alphabetischen Zeichen machen. Mit der Hand zu schreiben trainiert diesen Vorgang natürlich intensiver, als eine Computertastatur zu verwenden. Dazu Bergmann: »Wenn ich die Grafo-Motorik der Schriftzeichen übe, dann trainiere ich gleichzeitig bestimmte Konzentrationspotenziale … Das präzise Nachzeichnen der Buchstaben ruft zugleich eine Aktivierung bestimmter Gehirnareale auf, in denen Laute differenziert aufgenommen werden. Im Zeichnen spricht ein Kind innerlich den Buchstaben mit.«

Zeichenspiele helfen, sich auf ein Ziel zu konzentrieren und sorgfältig zu arbeiten. Zum Beispiel werden Kinder ruhig, wenn sie Mandalas ausmalen, symmetrische Figuren, die im Buddhismus der Meditation dienen. Sie können aber auch den Weg durch ein gezeichnetes Labyrinth suchen, Bilderrätsel lösen oder ein Vexierspiel betrachten. Auf den folgenden Seiten finden Sie einige Beispiele.

- Spielen Sie mit Ihrem Kind Sudoku. Dieses Zahlengitter-Kombinationsspiel gibt es in vielen Variationen auch schon für Kinder.
- Das Brettspiel Scrabble weckt die Wortlust bei den etwas älteren Kindern. Buchstabengitter gibt es auch schon für Kleinere.
- Entwerfen Sie mit Ihrem Kind eigene Silben- und Bilderrätsel.
- Lassen Sie Ihre Kinder Mandalas nachzeichnen oder ausmalen. Diese asiatischen Meditationsbilder werden mit gutem Erfolg von Lehrern in der Schule eingesetzt, um Kinder sich sammeln zu lassen.
- Auch Labyrinth-Spiele oder Aufgaben, bei denen Zahlen zu Bildern verbunden werden müssen, haben einen ähnlichen Effekt.
- Vexierbilder wie etwa die Grafiken von Maurits Cornelis Escher oder Magic-Eye-Bilder, in denen eine räumlich wirkende Figur versteckt ist, erfordern höchste Konzentration und regen die Fantasie an.

Abb. 1: Mandala zum Ausmalen

Abb. 2: Labyrinth
Der Frosch am Startpunkt will durch das Labyrinth zu seinen Freunden unten. Hilf ihm den richtigen Weg zu finden!

Vergleichsbild

Original

und Fälschung

Abb. 3: Suchspiel
In dem unteren Bild verstecken sich 10 Fehler. Suche sie!

Abb. 4: Zahlensuchspiel
Verbinde die Zahlen in aufsteigender Reihenfolge. Welche Figur ergibt sich?

Abb. 5: Vexierspiel
Folge dem Lauf des Wassers. Fließt es bergauf oder bergab?

Erkennen und Erinnern

Oft spielt uns unser Gedächtnis einen Streich. Das hängt damit zusammen, dass wir, wenn wir uns zum Beispiel an einen Menschen erinnern, ein Muster im Gehirn zeichnen, das in etwa dem gleicht, das wir uns bei unserer ersten Begegnung machten. Aber es ist meistens nur so ähnlich. Uns möglichst genau erinnern zu müssen, das schärft das Konzentrationsvermögen ungemein. Dabei hilft uns nicht nur unser Auge: Je mehr Sinne beteiligt werden, desto besser gelingt es uns:

- Memory-Spiele gibt es im Handel für jede Altersgruppe. Kinder sind Erwachsenen meist haushoch überlegen, wenn es darum geht, die zweite Karte eines Paares zu finden und aufzudecken. Ihr visuelles Gedächtnis ist frischer. Das verleiht ihnen regelmäßig Erfolgserlebnisse, wenn die ganze Familie spielt.
- Stein-Memory: Das Kind sucht sich einen einzelnen Stein aus einer Gruppe von ähnlich aussehenden aus, merkt ihn sich und beschreibt ihn dann so genau, dass ihn ein anderer Spieler finden kann.
- »Nuss-Knacken«: Ein Kind sucht sich aus einem Berg Nüsse eine ganz bestimmte aus. Dann werden ihm die Augen verbunden und die Nüsse durcheinandergerollt. Es erzählt nun, wie »seine« Nuss aussieht, während es mit den Händen nach den beschriebenen Merkmalen sucht.
- Puzzles können nervtötend sein, wenn ihre Einzelteile in der ganzen Wohnung verstreut sind. Aber sie schulen die Form- und Bildererkennung.
- Such- und Wimmelbilder oder auch Bilderrätsel schärfen den Blick und wecken die Fantasie.
- Versuchen Sie mal, mit Ihren Kindern der Nase nachzugehen: Lassen Sie Ihr Kind an acht bis zehn duftenden kleinen Gegenständen riechen (zum Beispiel Gewürznelken, Zitronengras, einem Stück Schokolade, einem Teebeutel usw.). Verbinden Sie ihm dann die Augen und führen Sie es durch einen Raum, wo diese Gegenstände versteckt wurden. Es soll sich an die gesamte Liste der zu suchenden Dinge erinnern und sie mit seiner Nase aufspüren.

- Schach und andere Strategiespiele erfordern »Sprünge« im Kopf und besondere Konzentration auf ihre komplexen Variationsmöglichkeiten.

Tasten und Fühlen

Vor hundert Jahren, als es noch weniger Spielzeuge gab und man draußen ungestört vom Verkehr herumtoben konnte, kannten Kinder viele Spiele. Davon sind ganz wenige übrig geblieben, beklagt zum Beispiel der Bildungskritiker Reinhard Kahl in seinem Film ›Das Schwinden der Sinne‹. Das hat direkte Auswirkungen auf die Fähigkeiten des Gehirns. Denn in Hüpf- und Kreisspielen, beim Fangen, Nachlaufen, Verstecken, selbst beim Ball-an-die-Wand-Schlagen werden grundlegende Fähigkeiten trainiert: die Wahrnehmung (Sehen, Hören, Spüren), die Geschicklichkeit, der Gleichgewichtssinn, Rhythmus, räumliches Vorstellungsvermögen, Zeitgefühl und Merkfähigkeit.

- Lassen Sie Ihr Kind bei jeder Gelegenheit balancieren, Bäume besteigen oder an den Geräten auf dem Spielplatz turnen. Nachlauf- und Versteckspiele wie auch Wettrennen (Sackhüpfen, Eierlauf) passen zu jedem Kindergeburtstag.
- Das alte Kästchenhüpfen, das früher auf dem Gehsteig gespielt wurde, erlebt eine Renaissance, wenn die Kinder SMS-Botschaften springen.
- Alle Geschicklichkeitsspiele wie Lego, Mikado, Murmeln, Gummi-Twist, Seilspringen, Minigolf, Boccia oder Ringe werfen trainieren das Gehirn und die Aufmerksamkeit.
- Besonders wenig Platz benötigt eine Übung, die nur die Hände bewegt, aber den gesamten Körper aktiviert. Probieren Sie diese mit Ihrem Kind aus. Sagen Sie ihm: »Falte deine Hände. Schau nach, ob der rechte oder linke Daumen oben liegt. Falte sie nun wieder auf, aber halte die Handflächen aneinander und die Finger steif. Falte die Hände nun erneut, aber so, dass der andere Daumen oben liegt.«

Hände und Füße werden bei dieser Übung rasch warm – das ist wichtig, denn bei Stress wird die Durchblutung in den äußeren Körperregionen reduziert, um die Energie den inneren Organen zukommen zu lassen. Der Kopf konzentriert sich auf das Falten und vergisst seine Blockaden. Durch das Wechseln der Daumen (zwölfmal) werden beide Gehirnhälften aktiv und müssen sich miteinander koordinieren.

Anregende Entspannung

Wie soll sich mein Kind konzentrieren können, wenn es sich entspannt – werden sich viele Eltern fragen. Kommt es dann nicht endgültig aus der Spur?

Die Antwort ist: Nein. In dem Kapitel über die Hirnfunktion haben wir gelernt, dass Stress sich negativ auf die Fähigkeit auswirkt, klar zu denken. Umgekehrt kann Entspannung hilfreich sein. Bekannt ist dieses Phänomen aus der Meditation. Die Fähigkeit, sich so weit in sein Inneres zu versenken, dass die Welt für einige Zeit »vergessen« wird, führt danach zu einer ungekannten Klarheit des Denkens. Negative Gedanken verschwinden, Neues kann im Kopf entstehen. Das ist ein Zustand intensivster Konzentration bei gleichzeitiger Entspannung.

Stress zu senken und Energieblockaden zu beseitigen, ist also eine wichtige Voraussetzung, um die Konzentration zu stärken. Dafür gibt es die verschiedensten Möglichkeiten, aus denen Sie, je nach dem Temperament und Charakter Ihres Kindes, auswählen können:

Autogenes Training

Über Selbstsuggestion lernen Kinder, sich selbst wahrzunehmen und dabei zu entspannen. Kinderärzte, Kassen und Volkshochschulen bieten solche Kurse an, die meistens zwei bis drei Monate dauern. Die Kinder liegen mit geschlossenen

Augen auf einer Matte und hören von ihrem Trainer Formeln wie »Mein rechtes Bein wird ganz schwer. Jetzt wird mein linkes Bein ...« Autogenes Training vertieft die Atmung, verbessert die Durchblutung und beruhigt die Nerven. Es hat sich deshalb nicht nur bei Konzentrationsschwäche, sondern auch bei der Therapie von hyperaktiven Kindern als besonders hilfreich erwiesen.

Die Entspannungsmethode erfordert jedoch Geduld und Regelmäßigkeit. Sie funktioniert nur, wenn täglich zwei- bis dreimal fünf Minuten dafür Zeit ist. Ohne Unterstützung der Eltern ist diese Disziplin meist nicht vorhanden. Am leichtesten fällt es also, wenn Vater oder Mutter mitmachen.

Progressive Muskelentspannung

Dieses Verfahren fällt denjenigen Kindern leichter, die Ruhe nur schwer aushalten, denn es erfordert eine aktive Teilnahme. Die Kinder liegen auf einer Matte oder einem dicken Teppich und spannen abwechselnd einzelne Muskelgruppen an, die sie dann wieder locker lassen. Die Übungen ermöglichen einen Grad der Entspannung, der größer ist als der, den man unbewusst erreicht.

Kinesiologie

Dieses Konzept zur Stärkung der Lebensenergie deckt Blockaden auf und beseitigt sie. Die Edu-Kinestetik, ein Teilgebiet, das sich mit Lernschwächen beschäftigt, wurde von dem amerikanischen Arzt Paul Dennison entwickelt. Mit einfachen Übungen und Bewegungsbalancen erzielte er frappierende Erfolge bei Schülern mit Lese- und Rechtschreibschwächen. Dabei zeigte sich, dass vor allem Spiele und Bewegungen, die die Mittellinie des Körpers kreuzten, Konzentration und Merkfähigkeit verbesserten. Dazu zählen zum Beispiel die meisten Abklatschspiele aus der Zeit unserer Eltern oder Großeltern. Heute wenden viele Lehrer und Heilpädagogen Übungen aus der Edu-Kinestetik an.

Yoga für Kinder

In immer mehr Städten wird Kinder-Yoga angeboten, da sich diese asiatische Bewegungslehre hervorragend dazu eignet, bei Kindern Stress und Nervosität abzubauen. Gleichzeitig streckt, dehnt und kräftigt sie den Körper, aktiviert die Wirbelsäule und schult Gleichgewicht und Körperkoordination. Sie wirkt auch Aggressionen entgegen, weil die Kinder zu sich selbst und zu anderen Körperkontakt aufbauen.

Yoga ist heute keine reine Glaubenssache mehr, in mehreren Studien wurden die positiven Wirkungen dokumentiert: Die Erziehungswissenschaftlerin Suzanne Augenstein hat 2002 in ihrer Doktorarbeit an der Universität Essen nachgewiesen, dass regelmäßiges Yogatraining Konzentration, Motorik und Sozialverhalten bei Grundschulkindern verbessert.

Auch hyperaktiven Kindern kann Yoga helfen. Nicole Goldstein, Lerntherapeutin und Yogalehrerin aus Köln, hat für ihre erziehungswissenschaftliche Dissertation an der Pädagogischen Hochschule Heidelberg mit 20 hyperaktiven Kindern regelmäßig Yoga geübt. »Ich hatte einen Jungen in der Gruppe, der auf nichts ansprach, weder auf Medikamente noch auf andere herkömmliche Therapien. Als er zu mir kam, war er nicht in der Lage, sich im Raum zu orientieren. Am Ende des Programms konnte er 25 Minuten lang seine Aufmerksamkeit halten.«

Bioenergie

Bioenergetische Übungen helfen beim Abbau von Anspannung – zum Beispiel, wenn Ihr Kind zwei, drei Minuten lang barfuß oder in Socken auf einem Sofakissen auf- und abtritt. Schon nach wenigen Sekunden entspannen sich die Schultern, der Atem wird tief, und oft seufzt das Kind.

Es kann sich mit gespreizten Beinen hinstellen, den Kopf hängen lassen und sich kräftig schütteln – den Ärger abschütteln. Dazu je nach Stimmung Geräusche machen. Das befreit die Atmung.

Oder die Bärenstellung: Dreimal durch die geschlossenen Zähne einatmen und dabei laut fauchen, während man die Arme hebt wie ein stehender Bär. Beim Ausatmen die Finger wie Krallen krümmen und wütend brummen.

Traumreisen und Anchoring

Diese Methode, die aus dem autogenen Training entwickelt wurde, wird oft auch von Lehrern im Unterricht eingesetzt, um unruhige Klassen zu mehr Ruhe zu bringen. Sie führt über die Selbstsuggestion zur Entspannung: Zu Hause kann Ihr Kind auf dem Sofa oder dem Bett liegen und die Augen schließen. Sie erzählen von einer Reise in ein Traumland und sprechen dabei möglichst viele Sinne an, erzählen, wie warm oder kalt es ist, wie weich oder hart, rau oder zart. Sie beschreiben auf diese Weise Landschaften und fordern Ihr Kind auf, sich in diese Gegenden zu versetzen und sie zu durchwandern. Diese Methode eignet sich auch hervorragend, beim Einschlafen zu helfen.

Sie können auch ein Musikstück spielen (z. B. ›Karneval der Tiere‹) und Ihr Kind bitten, sich dazu Bilder vorzustellen.

Beim Anchoring schließt man die Augen und lässt ähnlich wie in einer Meditation die Bilder des Tages an sich vorbeigleiten, bis sie einen verlassen. Dasjenige Bild, das zum Schluss im Gedächtnis bleibt, wird genau betrachtet, immer mehr Details treten in das Bewusstsein, auch Gefühle, die im Körper verborgen waren.

Mit dieser Methode kann man gezielt Glücksmomente im Leben des Kindes zurückholen: Man nimmt es in den Arm oder lässt es den Kopf in den Schoß legen. Dann soll es über alles reden, was es sieht, bis es mit positivem Gefühl bei einem bestimmten Bild angelangt ist. Mit etwas Übung lernt es, bei Stress und Unmut immer wieder diesen »Anker« herbeizurufen und sich dabei umzustimmen.

Viele Eltern haben Autoritätskonflikte und sie sind unsicher, wie ihre Erziehung aussehen sollte. Wie viel Strenge ist nötig und wie viel Kontrolle? Gerade der schwierige Umgang mit zappeligen oder verträumten Kindern führt dann oft dazu, dass sie doch alle guten Vorsätze der Gelassenheit über Bord werfen und impulsiv reagieren.

Dann versprechen sie Prämien oder drohen mit Strafen, wenn ihr Kind sich endlich einmal zusammenreißt! Doch solche Vorstöße sind selten erfolgreich. Einen anderen Menschen motivieren zu wollen, so der Ulmer Psychiater Manfred Spitzer, sei ungefähr so, wie jemandem Hunger beizubringen. Denn Interesse, Neugierde und Spaß sind, wie gesagt, viel mächtigere Antriebskräfte als äußere Belohnungen.

Wenn Eltern ihre Kinder zu »bestechen« versuchen, kann das in die völlig falsche Richtung führen: Sie korrumpieren dann nämlich die eigene »intrinsische« Motivation der Kinder, die viel intensiver und nachhaltiger wirkt als jeder Anreiz von außen.

Entscheidend ist, dass Kinder erfahren, dass es sich lohnt, sich anzustrengen. Dazu müssen sie aber zunächst erst einmal die Möglichkeit bekommen, etwas selbst zu erproben. Viele Eltern aber, so die Erfahrung der Bielefelder Pädagogin Elke Wild, sind zu ungeduldig, rasch genervt und greifen ein, bevor ihr Kind selbst eine Chance hatte. Das entmutigt.

40 Prozent aller Motivationsstörungen, wird geschätzt, gehen darauf zurück, dass Kinder zu sehr verwöhnt wurden und verlernt haben, sich selbst etwas zu erarbeiten. »Überbehütung« ist nach Ansicht des Psychologen Falko Rheinberg von der Universität Potsdam »genauso schlimm wie Vernachlässigung«.

Überbehütung signalisiert dem Kind, dass seine Eltern nicht an seine Fähigkeiten glauben. Sie nimmt ihm sein Selbstvertrauen und entmündigt es auf eine Weise, mit der es später ein Leben lang zu kämpfen hat.

Setzen Sie Ihrem Kind also Ziele, die es erreichen kann, und vertrauen Sie ihm auf dem Weg dorthin. Signalisieren Sie ihm, dass Sie den Überblick haben und für Fragen zur Verfügung stehen, aber kontrollieren Sie Ihr Kind erst, wenn es mit seiner Arbeit fertig ist.

Lassen Sie sich durch Rückschläge nicht gleich entmutigen, sondern überprüfen Sie in so einem Fall, ob Ihre Erwartungshaltung nicht vielleicht zu hoch war oder die Wahl der Methoden verkehrt.

Haben Sie vor allem Geduld! Kinder haben und brauchen einen anderen Rhythmus. Der Leistungsdruck der Schule sollte, auch wenn das schwerfällt, nicht bis in die Familie reichen!

Loben Sie. Loben Sie erst recht, wenn die Arbeit schwergefallen ist. Das Bemühen ist das Wichtige, nicht so sehr das Ergebnis. Positive Rückmeldungen verstärken die Erfolgsschleife im Kopf Ihres Kindes. Auch wenn sie sich auf Fähigkeiten beziehen, die Ihr Kind bereits beherrscht. Das Erfolgsgefühl wird ihm helfen, sich auch auf anderen Gebieten durchzubeißen.

Zeigen Sie dem Kind, dass es etwas kann. Es ist wichtig, dass es täglich spürt: Egal, wie viele Probleme ich in der Schule habe – meine Eltern glauben an mich!

Literatur und Trainingsprogramme (Auswahl)

Aust-Claus, E., Hammer, P.-M.: Das A.D.S.-Buch. Aufmerksamkeits-Defizit-Syndrom. Neue Konzentrations-Hilfen für Zappelphilippe und Träumer, Oberstebrink Verlag, Ratingen 1999.

Bannenberg, Th.: Yoga für Kinder. Gräfe & Unzer, München 2005.

Bergmann, W.: Nur Eltern können wirklich helfen. Lernprobleme, Ängste, Konzentrationsschwächen. Walter-Verlag, Düsseldorf, Zürich 2005.

Carle-Gladbach, B., Mondrowski, E., Schützmann-Heinze, M.: Duden Konzentration. 4. bis 6. Klasse. Training von Gedächtnis, Wahrnehmung und logischem Denken. Bibilographisches Institut, Mannheim 2001.

Endres, W., Bernard, E.: Voll bei der Sache. Das Konzentrationsprogramm für Kinder. Ein Elternratgeber. Kösel, München 2001.

Endres, W.: Besser konzentrieren. 44 Ausdauer-Tipps. 9 – 13 Jahre. Beltz Verlag, Weinheim 2004.

Ettrich, C.: Konzentrationstrainings-Programm für Kinder. Band I Arbeitsheft (Vorschulalter), Vandenhoeck & Ruprecht, Göttingen 2007.

Arbeitsheft II (1. und 2. Klasse), Vandenhoeck & Ruprecht, Göttingen 2007.

Arbeitsheft III (3. und 4. Klasse), Vandenhoeck & Ruprecht, Göttingen 2007.

Hennig, M.: Autogenes Training für Kinder. Konzentrations- und Entspannungsübungen (Audio CD). Hennig 2000.

Hennig, M.: Spann an – lass los, das ist famos. Progressive Muskelentspannung für Kinder. Konzentrations- und Entspannungsübungen nach Jacobson (Audio CD). Hennig 2004.

Hennig, M.: Die schönsten Fantasie-Reisen für Kinder (Audio CD). Hennig Direktvertrieb 2005.

Hock, B.: So fällt's leichter! Konzentrationsübungen. Klett Verlag, Stuttgart 2005.

Kläsener, C., Korte, M.: Gute Noten. Wie Eltern den Schulerfolg ihrer Kinder fördern können. Argon, Berlin 2004.

Krowatschek, D., Krowatschek, G., Wingert, G.: Marburger Kon-

zentrationstraining für Jugendliche. Verlag Modernes Lernen, Dortmund 2007.
Maar, P., Fischer, K.: Lernspaß mit Paul Maar. Konzentration fördern, 3. Klasse, cornelsen Verlag Scriptor, Berlin 2002.
Mall, M.: Die schönsten Leserätsel-Mandalas für Klasse 1 und 2. (Lernmaterialien). AOL-Verlag, Lichtenau-Scherzheim 2001.
Portmann, R., Schneider, E.: Spiele zur Entspannung und Konzentration. Don Bosco Verlag, München 2004.
Rätselhexe. Konzentrationsrätsel für das 1. Schuljahr. Sich konzentrieren. Vergleichen und Zuordnen, Rätseln und Malen. Gondrom Verlag, Bindlach 2005.
Rätselhexe. Konzentrationsübungen für das 2. Schuljahr. Sich konzentrieren. Formen vergleichen. Malen und Lernen. Gondrom Verlag, Bindlach 2005.
Reik, B.: Tai-Chi für Kinder. Mit Tiger und Bär zu mehr Körperbewusstsein, Bewegung und Ruhe. Mankau Verlag, Murnau 2007.
Reimann-Höhn, U.: So lernt mein Kind sich konzentrieren. Fit für die Schule. Mit Praxistest. Herder Verlag, Freiburg 2006.
Simon, M.: Pocket-Quiz Gedächtnistraining. Moses Verlag, Kempen 2001.
Solms, A.: Konzentration üben 5./6. Klasse. Lernfuchs (Les Houches Winter School). Compact Verlag, München 2007.
Thabet, E.: Mein Lern- und Übungsblock Grundschule. Spannendes Konzentrationstraining. Ensslin bei Arena, Würzburg 2004.
Träbert, D.: So lernt mein Kind ganz konzentriert. Das Schritt-für-Schritt-Erfolgsprogramm. AOL-Verlag, Lichtenau-Scherzheim 2006.
Vogel, H., Junga, M.: LÜK. Konzentration 2. Übungen für alle Grundschulkinder. Westermann Lernspielverlag, Braunschweig 2003.
Weyhreter, H.: Konzentrationsschwäche. Wie Eltern helfen können. Urania Verlag, Stuttgart 2006.

Kontaktadressen und Internetseiten:

http://www.focus.de/schule/
http://www.focus.de/schule/testcenter

Homepage einer Kölner Lernpraxis:
http://www.konzentrationlernen.de/

Englischsprachige Webpage mit vielen Sudokus für Kinder:
http://www.activityvillage.co.uk/sudoku_for_kids.htm (Sudokus)

Materialien zu ADS vom Schulpsychologischen Dienst der Stadt Detmold:
http://www.adhs.de/schulpsychologie.htm

Bundesverband Aufmerksamkeitsstörung/Hyperaktivität:
http://bv-ah.nanugruppe.de/index.php

Elterngruppe Frankfurt am Main über Aufmerksamkeitsstörungen:
http://www.ads-hyperaktivitaet.de/

Regionale Schulberatungsstelle Warendorf über Konzentration:
http://www.schulpsychologie.de/downloads/wallberg/konzentration_ges.pdf

Deutsche Gesellschaft für Biofeedback:
www.biofeedbackforum.de

Pädagogin Dagmar Wilde, Berlin, über Konzentration und Grundschule:
http://www.dagmarwilde.de

Bildnachweis

S. 15: © Nadine Schnyder
S. 17 u. 33: Prof. Dr. Martin Korte
S. 96 oben: www.mandalaworld.de
S. 96 unten: www.nimaweb.de. Für Kinder, Schüler und Eltern
S. 97: © media Verlagsgesellschaft
S. 98 www.hoppsala.de. Das junge Mitmachmagazin für Familien
S. 99: M.C. Escher, Waterfall. © ullsteinbild

Pflichtlektüre für engagierte Eltern.
6-mal im Jahr!
SCHULE
Stress nach Noten
Was Zensuren über Ihr Kind aussagen
SCHULE
AKTION BESSERES ZEUGNIS!
Mobbing
Wie Eltern und Lehrer den Psychoterror stoppen
Plus TEST: Gehört mein Kind zu den Opfern?
FOCUS-SCHULE liefert 6-mal im Jahr alles Wissenswerte zum Thema Lernen, Bildung und Familie. Inklusive Tipps für ein kluges, stressfreies Bildungsmanagement, Erfolg versprechende Übungsstrategien und vieles mehr.
Plus: in jeder Ausgabe ein Lernatlas mit Lerntipps, Aufgaben und Spielideen für alle Jahrgangsstufen.
www.focus-schule.de/abo
Hotline: 0180 5 210 9000*
*€ 0,14/Min. aus dem Festnetz der Deutschen Telekom; abweichende Preise für Anrufe aus den Mobilfunknetzen